兩岸和平發展研究系列

統合方略

張亞中／著

臺灣大學政治學系兩岸暨區域統合研究中心

 兩岸統合學會
Chinese Integration Association
出版

道之所在，雖千萬人吾往矣

郭偉峰

中國評論通訊社社長兼總編輯
中國評論月刊社長

　　2010 年 4 月間，我應邀到廈門大學的南強學術講座演講，在回答聽眾提問的時候，廈門大學台灣研究院的一位碩士研究生向我提出了這樣一個問題：張亞中教授的「一中三憲」理論，大陸政府不表態，台灣政府也不支持，爲什麼中國評論要花這麼大的力氣去宣傳？坦白講，僅僅從這麼一個問題，就知道廈門大學台灣研究院的實力果然不可低估，因爲這是一個十分專業的問題，後來這位學生告訴我，他每天必讀中國評論新聞網，已經足足三年了，怪不得！

　　面對數百位聽眾，我很難在短短的幾分鐘之內從理論的角度把意圖解釋清楚，於是我採用了形象的描繪，我問道：在一望無際的浩蕩大沙漠之中，發現了一支綠色的仙人掌，你會有什麼樣的心情？接著我說，兩岸關係經過特殊的二十年，已經沙漠化了，什麼積極的理論都荒廢了，這個時候，我們發現了張亞中教授的統合論，這不就是沙漠中僅剩的「仙人掌」嗎？它的珍貴，還用說嗎？今天它是一顆頑強的種子，明天它就可能是生命力蓬勃的綠地。

　　記得是在 2008 年 9 月，我們得到了張亞中教授的〈兩岸

和平發展基礎協定芻議〉一文，我認真閱讀了，深爲該文的宏大意涵及深邃思想觸動，更爲文中透發的民族氣節及大中國情結所感動。於是，我親自召開編輯部會議，決定在《中國評論》月刊 10 月號刊載這篇大作，並決定以此爲起點，加強與張亞中教授的合作，向兩岸系統推介他的關於推動兩岸關係發展的統合思考。

另外還有幾個方面的原因：

第一，2008 年 5 月馬英九、國民黨執政之後，兩岸關係發生重大的轉折，開始進入和平發展時期。但是，我們看得見，礙於執政的需要，馬團隊是戰戰兢兢的，盡量維持現狀，盡量不要製造社會的動盪，盡量在平和的氣氛中做事。於是，在理論上、在意識形態上的撥亂反正就擱置了。其實，撥亂反正不去做的話，最後吃虧的是自己，後來台灣的政情變化說明了這個道理。我感到，兩岸關係今後如果出現大問題，那就會出在意識形態領域，如果意識形態不作根本的改變，馬英九和國民黨的執政乃至兩岸關係都將會繼續陷入泥淖。張亞中教授的理論，恰恰對思想的撥亂反正有重大啓示意義。

第二，從長遠來看，兩岸和平發展時期沒有與時俱進的符合時代需求的和平發展的新理論體系，問題更加大，意味著兩岸關係的走向可能是失去方向的迷航！

第三，因爲《中國評論》月刊是在已故的海協會會長汪道涵先生親自指導下創辦的，在長達 8 年多的日子裡，我經常能夠見到汪老，聆聽教誨，其中，汪道涵的兩岸共同締造一個新中國的思考，影響我的一輩子。中國評論成爲兩岸思想交流的平台，是汪老的願望。在這樣的背景之下，我們當然格外重視張亞中教授的統合方略，因爲這是最能夠體現兩岸共同締造

論精髓的重要的理論構建。

台灣走到了歷史的關口，走到了明暗交匯的地方。然而，當世界陷入昏暗太久之後，人們會把月亮當作太陽。長時期來的台灣輿論界，誰敢談一個中國的問題，談兩岸統合的問題，簡直就是大逆不道啊！這個時候，需要有英雄挺身而出，撥開烏雲，指著太陽告訴民眾，這個會發光同時會發熱的，才是太陽！誰敢挺身而出？張亞中教授當仁不讓。

於是，就在這麼一片蕭瑟、一片昏暗、一片荒沙的大環境中，張亞中教授將思想、情懷、理念化作一種勃勃生氣、一道閃閃光芒、一枝翠翠仙人掌。張亞中教授以大無畏的精神，奔走宣講，獨抒己見，最終讓台灣的思想界喧鬧起來了，把萬馬齊暗的理論氣氛打破了，在絕望的沙漠裏點綴了生命力的希望。

張亞中指點台灣前途、指點兩岸關係：談法律關係、談兩岸定位、談認同問題、談互信構建、談統合路徑、談台灣前途，從理論到實踐，為兩岸人民勾勒了一幅兩岸共享太平盛世的美好前景。於是，《統合方略》，一部閃爍智慧光輝又充滿美好夢想的著作就擺在了兩岸人民的面前。不知道，這是不是中華民族盛世的理想國！

於中，我們看見了張亞中教授的「道之所在，雖千萬人吾往矣」的無比勇氣。與此同時，我們敬佩的是，張亞中教授不是孑然一身，在前行之中，一個又一個充滿勇氣、熱情、智慧的台灣學術界精英、和平發展時代的思想先驅加入了時代的步伐。

中國評論有幸見證了歷史！

2010 年 4 月 2 日至 6 日，由兩岸統合學會與佛光山日本本栖寺主辦，中國社科院台研所、亞太和平研究基金會、中國評論通訊社協辦的「兩岸和平發展路徑研討會本栖會談」，在日本富士山腳下的佛光山本栖寺舉行。我在閉幕典禮上致詞高度肯定了兩岸統合學會長期來做出的努力。我說，兩岸統合學會有三個了不起：第一個了不起，是打破了台灣長期來一中問題不能進入公共輿論領域的禁忌，讓民眾有了更多地參與。第二個了不起，是為新時期兩岸和平發展理論的構建做出了貢獻。第三個了不起，統合論是充分考慮了兩岸因素，是形而上的，具有兩岸共同創造的新特質。

這是我的肺腑之言！

不要官、不要利、不要名，只要道，這個人就是張亞中教授，張亞中教授所追求的道，《統合方略》中已經講得清清楚楚。張亞中說，「做為一位關心兩岸關係和平發展的學者，沒有政治上的權力，也沒有經濟上的影響力，只能在斗室中用手指在電腦前敲出自己的情懷，期盼用理念來呼喚更多的共鳴」。「如果能為兩岸關係種下福田，以後兩岸關係蔓生雜草的空間自然就減少。做為一個關心兩岸的一份子，我所能做的，就是盡量散播有助於兩岸和平發展、兩岸人民能夠共獲其利的種子，或許我並沒有能力去拔除不利於兩岸關係發展的雜草，但是當善的種子、善的幼苗夠多時，雜草自然沒有滋生的空間」。

張亞中教授的這些話，我讀來深為觸動，眼淚幾乎奪眶而出，這不是我的經歷與心情寫照嗎？這不是我們一代知識分子的經歷與心情寫照嗎？是啊，只要我們都願意散播有助和平發展的種子，大中國的福田就不會被荒廢！

　　老子說，「道生一，一生二，二生三，三生萬物」，為
兩岸和平發展，為中華民族的復興崛起散播當善的種子，這就
是道之所在！這就是雖千萬人吾往矣的勇氣之源！

寫出兩岸和平，開創統合時代

張亞中

　　做爲一位關心中華民族前途的知識份子，不容易在這個時代冷漠，也不應該冷漠。做爲一位關心兩岸關係和平發展的學者，沒有政治上的權力，也沒有經濟上的影響力，只能在斗室中用手指在電腦前敲出自己的情懷，期盼用理念來呼喚更多的共鳴。

　　生命雖是無常卻仍然有序，事後看來，因緣因果之間總有一定的規律。在面對大環境方面，我與大多數的兩岸人民一樣，對於兩岸關係的認識與關懷重點，隨著大時代的脈動而波動，慶幸沒有讓自己的思想與認知變得僵化。

　　在因果交錯循環中，重新認識因，也自然得出不同的果。在個體的經驗方面，多年的學術累積與實務經驗所種下的因，在多年後成爲推動兩岸統合工作的豐富理論與實踐的基礎。我的青年歲月，看到的是中華民國被迫退出聯合國，愛國與反共是當時的同義詞，也是我對當時兩岸關係的看法；莊敬自強、處變不驚是那時全台灣自我鞭策的座右銘，也是我們自我的期許。當兵兩年，我也站在馬祖南竿，爲戍守台灣本島安全盡一份光榮的義務。退伍後，在核能電廠擔任核能工程師的工作，盡一份生產報國的責任。

　　1978 年底的中美斷交，現在人們已經稱其爲台美斷交

了，我沒有選擇到當時的介壽路，現在的凱達格蘭大道，去向美國來的克里斯多福丟雞蛋，而是選擇了人生另外一個方向，準備投入外交領域，期盼為中華民國的外交前途盡點心力。

1981 年進了政治大學外交研究所、同年也進入了外交部。在外交部總共長達十二年的時間，曾派駐維也納、漢堡，後來又受命前往拉脫維亞首府里加擔任開設總領事館之工作。在這十二年的「全工全讀」時間，也陸續完成了政治大學政治研究所的政治學博士與德國漢堡大學社會暨哲學院的哲學博士。研究的領域包括國際法，國際關係，歐洲研究，特別是德國問題與歐洲統合，因緣際會地，這些知識都成為日後論述的基礎。

1987 年起，蔣經國開放大陸探視，為兩岸關係開啟了新的一頁。1989 年也是東歐鉅變的一年，冷戰終於結束了，1990年，我在德國親自經歷了德國的統一，也在 1991 年看到了象徵歐洲聯盟成立的馬斯垂克條約的簽署，這個世界真的改變了。

國際政治的基本常識與外交經驗告訴我，如果兩岸關係不改善，台灣不容易有一個可以完全參與的國際空間，兩岸關係遠遠重要於外交關係。政治學的基本知識與個人經驗也告訴我，台獨是個必須付出極大代價的選擇，與大陸的和平相處，不是一個選擇題，而是一個必選題。1992 年，我從外交部商調至陸委會，參與大陸政策研擬與政策撰寫工作。政府的第一份大陸政策白皮書（正式名稱為《臺海兩岸關係說明書》），即由我負責起草撰寫。同一時期，我在政治大學外交研究所擔任兼任教職工作，將多年累積的知識及實務經驗與學弟妹們分享。

　　冷戰結束前，台灣的戒嚴體制已走到了終點。在民主化道路上摸索的台灣，很不幸地是用族群民粹、統獨鬥爭做爲前進的推力。國共內戰體制所形成兩岸認同的割裂、國際權力政治所帶來的外交零合博奕，並沒有被兩岸交流所消弭，反而成爲了民主化初期國民黨內部與朝野鬥爭的工具。

　　在這樣的政治氛圍下，幾乎所有的大陸政策都是爲了內部權力鬥爭需要所做的安排與設計，而不是爲了兩岸關係。我再一次面臨選擇，要留在官僚體系，做內部建言，還是選擇到學術界，著書立說，傳播理念。前者看起來空間有限，後者雖然影響力有限，但總是一份心意。

　　1995 年承星雲大師之命，協助興辦佛光山所屬的南華大學。我的政府工作劃下句點，開始了專職的學術工作，這是我從工程師轉到外交官後的第二次人生轉折。

　　1996 年台灣進行第一場總統大選，星雲大師希望我多爲陳履安先生幫些忙，這也使我因緣際會地投入了這一場歷史性的選戰，從 1995 年秋起，擔任陳履安陣營的政策總幹事。我還記得，爲陳履安所準備的白皮書有關兩岸部分，就是主張「整個中國」與兩岸成立「共同體」，這其實也是我多年的研究的心得，希望能夠透過總統大選，讓理性與互利的兩岸關係論述能夠有效傳播。不過，理性的呼聲比不過情緒性的渲染，當時的李登輝是東方不敗，任何人都不是他的對手，他已經成功地激發了台灣與大陸的對立，兩岸從同爲中國人已經快速地往「我是台灣人」滑動，北京對台北在國際組織的打壓、飛彈試射，都爲李登輝催出一張張的選票。理性的政策討論不僅沒有必要，甚而是多餘。李登輝輕鬆地贏得了那一次的選舉。

　　選戰結束，我繼續南華大學的建校工作。自 1996 年秋起，除了擔任南華大學亞太研究所所長外，亦開始積極撰文立論，分別在國際關係、歐洲研究與兩岸關係方面著手，在兩岸關係方面，從 1998 年到 2003 年間陸續地完成了《兩岸主權論》、《兩岸統合論》、《全球化與兩岸統合》等三本書，完整地建構了兩岸關係的思想體系。在這個體系中，我提出「整個中國」、「第三主體」、「重疊認同」、「兩岸統合」、「兩岸治理」、「兩岸三席」……等概念。

　　2003 年秋天是人生的再一個轉換，台灣大學政治學系給了我一個可以在最高學府任教的榮譽，這也等於給了我一個可以再次以實際行動關懷整個社會的機會。

　　2004 年 3 月的總統大選，兩顆子彈疑雲，使全台灣的對立拉高到極點，在抗爭無效後，泛藍內部當時的士氣是一片低迷。這個時候，黃光國與謝大寧兩位教授找到我，共同籌組「民主行動聯盟」，期盼以實際行動引導台灣不要迷失。

　　黃光國教授為何會找上我，他日後告知，在他看來，台灣所有問題都源於兩岸關係無法妥善處理與解決，要讓台灣的民主正常化，必須以妥善處理兩岸關係為前提，否則民粹終究亡台。據他打聽，我對兩岸關係有研究，也讀了我的一些書，希望能夠共同努力。

　　就這樣，我與這位以前只聞其名的學術前輩，以及後來成為莫逆之交的謝大寧教授，還有一群志同道合的朋友一起在台灣的街頭出現，凝聚我們的是相同的認知：兩岸關係必須和平發展。一直到 2008 年，我們所有的政治社會運動均以此為目標。

　　因為缺少道德正當性，陳水扁即使在 2004 年當選，但卻

面臨內外的挑戰。面對內部的抗爭，陳水扁以他的意志戰勝了國民黨的政黨領袖，中止了抗爭活動；面對外部的質疑，高達6108 億軍購成為陳水扁向美國尋求支持的一個手段。在這一個時間點，我們決定推出反 6108 的運動，由我擔任「反 6108 軍購聯盟」總召集人，舉辦萬人遊行、撰文呼籲、結合意見領袖、創造輿論壓力，以阻止兩岸陷入軍備競賽而帶來的可能軍事衝突。我們的邏輯很簡單，要討論是否軍購，必須先確定台灣的整體國防政策，要確定國防政策，必先確定兩岸關係的定位。民進黨政府一直拒絕與我們對話，不過，在國民黨與親民黨的支持下，包括愛國者三型飛彈、PC 反潛機與柴油潛艦一直無法在立法院通過。

2005 年國、民兩黨聯手推動修憲。當時修憲內容有兩大要點，一是準備採行有利大黨的日本式單一選區兩票制，一是公投入憲。有感於如果修憲通過，在政治結構上，台灣以後很難有弱勢政黨存在，政局將為兩大政黨把持；在憲政意義上，以後的任何修憲均將經過全民公投，這樣的修憲已經隱含了一個深層的憲法危機，即「法理台獨（或獨台）入憲」，而會為兩岸帶來不必要的猜忌與危機。我當時即以「民主行動聯盟」總召集人身分，邀集台灣重要的法政學者、意見領袖等共同籌組「張亞中等 150 人聯盟」（因中央選舉委員會不准以「民主行動聯盟」名稱參選）參與任務型國大選舉，不過，在國民兩黨聯合夾擊下，終至功敗垂成，並為此欠下千萬餘元之債務，迄今仍在籌錢還債中。

2006 年台灣社會再起動盪，陳水扁因貪腐事蹟敗露，行為愈來愈激烈，烽火外交、衝撞外交相繼出爐。為防止陳水扁

利用民粹走向台獨來掩護其貪腐，「民主行動聯盟」在 6 月間
即率先在中正紀念堂舉辦「民主夜市」活動，每晚舉行演講，
呼籲全民唾棄陳水扁，後來並促成原屬綠營的施明德主導百萬
人倒扁運動。在整個反貪腐過程中，「民主行動聯盟」以中正
紀念堂為據點，與凱達格蘭大道上的紅衫軍相互輝映，共同經
歷了這場歷史行動。我們還以中華文化的民間公義信仰來推動
反貪腐運動，分別在嘉義「借關刀」、台南「告城隍」、新竹
「請義民」、台北「送瘟神」等良心活動。不過，在政府與司
法刻意打壓下，我卻遭速審速決，成為整個百萬人民反貪腐運
動中唯一以違反《集會遊行法》為由被判刑的受害者。

2007-8 年民進黨在劣勢下孤注一擲，推動「入聯公投」，
國民黨也放棄原則，亦跟進主張「返聯公投」。為避免民進黨
借公投製造法理台獨，防止因公投通過而引發兩岸衝突，我與
民主行動聯盟的朋友們，再次積極推動「反對入聯公投」與「反
對返聯公投」運動，在多方的努力下，有愈來愈多的泛藍菁英
也開始呼籲杯葛這個完全不理性的民粹公投，終於成功瓦解民
進黨操弄公投的技倆，解除兩岸一場可能一發不可收拾的衝突
引信。

2008 年 5 月國民黨重獲執政，為了慶祝新政府的上任，
台灣大學特別舉辦「台大對新政府的期許」研討會，我負責撰
寫兩岸與外交部分，以「外交與兩岸的互動：進取性的藍海戰
略」為名，提出了「不挑戰民族主義與『一個中國』、從『一
中各表』過度到『一中同表』、相關事務成立共同體、建立全
球華人公民社會」四個觀點。《中國評論》隨後在 6 月號刊登
了這篇國是建言。這篇建言包括了我長期主張的「整個中國」、
「統合共同體」、「一中同表」等概念。

　　馬英九總統執政以後，一個新的兩岸關係階段重新開始，但是從李登輝開始形塑的兩岸關係深層結構並沒有動搖。民進黨的台獨路線雖然已經挫敗，但是變形為「台灣主體性」訴求的「台獨」或「獨台」主張卻仍是方興未艾，台灣民眾對於兩岸的認同並沒有因馬英九執政而增加，反而有更加斷裂之趨勢。兩大主要政黨思考與宣揚的是如何強化台灣的主體性，卻排斥兩岸共有主體性的可能。馬英九在這個問題上的表現也有些左支右絀，無法提一套兩岸和平發展的大論述，致使兩岸大方向不明確。執政的國民黨仍然擁抱 1992 年的「一中各表」或「九二共識」，全然不去理會國際、東亞、兩岸、中國大陸、台灣內部都已經有了新的改變，那近二十年前的東西，如何能夠成為新時代的論述？

　　2008 年 10 月，本人在《中國評論》發表了〈兩岸和平發展基礎協定芻議〉一文，這也是我有計畫將兩岸關係的理念與論述向海內外華人介紹的第一篇。這次我以「動態的寫作方式」構思與撰寫，即雖然我已有整套的架構，應該也可以在最短時間內完成，但是仍然希望隨著時間的進程，一邊有計畫的撰寫、一邊隨時與其它先進討論做補充修正，一邊觀察時事做論述的佐證。

　　做為系列文章的第一篇，透過《兩岸和平發展基礎協定》的草擬，把兩岸應該如何看待一個中國，如何定位兩岸的政治關係，兩岸未來發展應宜採行甚麼樣的路徑做了一個全面但是簡潔的交待。這個具有個法律意涵的和平協定草案，其精神包括三點：第一、兩岸均承諾不分裂整個中國，第二、兩岸以平等的憲政秩序主體對待，第三、在相關議題上，兩岸可以共同

體的方式共同治理。

　　至於未來和平協定的性質，我認為它應該是一個政治性宣示與承諾的法律性文件，屬於未來兩岸和平發展的基礎性文件，因此，以《兩岸和平發展基礎協定》為名。

　　2008 年底胡錦濤先生在紀念告台灣同胞書三十週年時，發表了胡六點的談話。三十年前，中共對我來說，是一個與中華民國水火不容的政權，當時的《告台灣同胞書》是一個既陌生又有敵意的統戰喊話，但是三十年後，我已經成為如何解讀胡六點精神、嘗試為兩岸的共同利益找尋可以啟動交集的學者。大時代的背景、中國大陸以及我本人都有了改變。

　　胡六點陳述了未來兩岸在政治、經濟、文化、社會、軍事上可以推動的原則與立場，展現了希望兩岸關係能夠持續和平發展的期望。胡六點反覆陳述一個中國原則的重要，但是對於兩岸合理的政治定位為何，卻沒有著墨。是在等待台北的呼籲？還是準備在談判中定調？沒有人知道。

　　台北方面一直沒有對胡六點做出回應，兩岸的政治性協商也沒有啟動的跡象。做為一位憂心兩岸關係的學者，再次看到了我們應該努力的方向。2009 年春假前後，我與昔日的夥伴黃光國教授、謝大寧教授多次商討，決定再度邀集台灣內部學術菁英，共組「兩岸統合學會」，以期結合海內外知識社群，共同為促進兩岸和平、推動民族統一而努力。

　　大概是在 2009 年 1 月中旬，鳳凰衛視的節目製作人告訴我，在香港的邱震海先生看到了我所發表的《兩岸和平發展基礎協定》，覺得很有意義，特別邀請我與北京研究兩岸關係的資深學者許世銓先生透過衛星，三人分別在香港、台北與北京、透過香港「震海聽風錄」節目，就兩岸和平協定事進行對

話。

　　這一次的空中對話，以及《中國評論》刊登一連串學者的意見與網路上的看法，讓我更清楚與確認地了解北京對於我所撰《兩岸和平發展基礎協定》的疑慮在哪裡，因而覺得有必要早一點完成一篇有關兩岸與中國之間法律關係的文章。

　　2009 年 3 月，在《中國評論》上發表〈論兩岸與中國的關係〉一文，是一篇嚴謹的理論論述。在這篇文章中，提出了「（整個）中國（政府）」、「中華民國（政府）」、「中華人民共和國（政府）」等三個在法律上存在的主體的概念，並探討兩岸與（整個）中國之間的法律定位關係，以及隨之而來的兩岸之間的法政定位關係。西德為了要處理東西德之間的法政定位問題，整個學術界投入非常大的關注，特別是在西德總理布朗德於 1969 年提出東進政策，尋求與蘇聯與東德和解時，西德法學界更是為布朗德所主張的「承認東德是個國家，但不是外國」尋求理論的支撐與解釋，從 1969 年到 1972 年東西德基礎條約簽署前，相關的學術期刊不下一千多篇。反觀，兩岸在討論政治定位時，仍多陷於政策性的主張，而缺乏理論性的探討。在這一方面，西德法學界的精神是值得兩岸學習的。

　　因為長期觀察東西德問題，我曾經撰寫過《德國問題：國際法與憲法的爭議》，這也是華人社會迄今唯一一本從國際法與憲法的角度來討論德國的分裂與統一問題的專書。〈論兩岸與中國的關係〉一文，是以西德學者所發展出來的各種理論做基礎，用以分析兩岸與中國，以及兩岸之間的法律定位。知識之間總是有共通性，雖然東西德分裂原因與兩岸不同，但是在學理的應用上還是有很高的參考價值。

　　「台獨」論述屬於「分解理論」，「獨台論述」屬於「分割理論」。〈論兩岸與中國的關係〉一文建議，兩岸在相互定位時，可以併用「國家核心理論」與「部分秩序理論」，前者確定兩岸同屬一中、主權宣示重疊，後者強調彼此在憲政秩序上的分治，所提《兩岸和平發展基礎協定》即是依此原則草擬。

　　在討論兩岸的政治定位後，我將撰文的重點暫時轉向兩岸的走向方面。「國家核心理論」與「部分秩序理論」只處理了兩岸的定位，並沒有觸及兩岸的未來走向。藉由歐洲統合的概念，我主張兩岸可以在「統」、「獨」、「維持現狀」之外，選擇另一條道路，即「統合」。

　　由於長期在歐洲工作，對於歐洲統合自然別有一番體悟。從 1992 回到台灣，在政治大學外交所兼任教職起，即開設歐洲統合的課程。在 1998 年完成《歐洲統合：政府間主義與超國家主義》一書，對歐洲統合的理論、進程、政策、發展做了探討。該書並獲得當年度行政院新聞局給的重要學術獎並給予出版補助。在討論兩岸統合時，歐洲統合是我重要的思想啓發。歐洲統合自然不同於兩岸統合，因此，我習慣用「歐洲統合經驗」一詞，而非「歐洲統合模式」或「歐盟模式」。

　　歐洲統合是以每個成員國主權獨立爲基礎，並不一定以統一爲目標；兩岸統合則是主張在整個中國內部開始統合，爲最終統一創造合理且雙贏的進程，簡單地說，兩岸統合可以做爲國統綱領中程階段到遠程階段的過渡，也可以做爲和平發展期的兩岸結構與共同政策形成方式，以發揮兩岸重建或鞏固兩岸重疊認同的功能。我希望給「和平發展期」一個制度性的名稱，稱之其爲「統合期」。

　　春假期間，兩岸統合學會正式對外成立，以原有民主行

動聯盟的學者為主，另外增加了不少在兩岸關係上有鑽研的學者。與 2004-8 年民主行動聯盟運作方式相同的地方在於，每做一件事，我們都預先建立起完整的論述；不同之處在於，民主行動聯盟主要以社會運動方式來表達立場，兩岸統合學會主要則以發展學術組織、舉辦學術研討會、出版等方式來推展理念。

《中國評論》2009 年 4 月號所刊登的〈論兩岸統合的路徑〉，是兩岸統合學會成立以後第一次向外界具體建議兩岸關係應該努力的方向。該文主張兩岸可以從七條路徑著手，推動兩岸的和平發展。分別是：強化兩岸的文化統合、建立包括「華元」在內的貨幣統合、推動各項議題的經濟統合、創造整個中國的身分認同，例如發行「中華卡」。在兩岸安全認同方面則提出了「兩岸安全相對化與階段化」的概念，也對兩岸共同參與國際社會方面提出了看法，並認為兩岸和平協定的簽署是兩岸和平發展能夠持續且不逆轉的基礎，建議兩岸應以不逃避的心態，儘速面對此一問題。

〈論兩岸統合的路徑〉正式揭示出了兩岸統合學會未來的七大工作方向，也是我們的七大夢想，期盼兩岸有識之士共同推動。

〈論兩岸與中國關係〉與〈論兩岸統合的路徑〉兩文基本上已經將兩岸定位與走向兩大方向的論述做了清楚的交待，接下來就是進入細部性的再論述工作。

2009 年 5 月 1 日，當時的日本駐台代表齋藤正樹不甘寂寞地又拋出日本政府長期的觀點，發表了「台灣地位未定論」的看法。齋藤這個看似不友善，但卻是反映日本政府心態的談

話，自然引起了台灣內部的高度關切。李登輝拍手叫好，民進
黨也認為言之有理，國民黨的態度基本上是不滿，但是也並沒
有強硬的反應。

　　齋藤的談話讓我決定從台灣這十幾年政治立場的轉變切
入，談談台灣到底是如何看待自己對於未來的選項，是統？是
獨？還是根本拿不定主意，完全是「邊走邊看，等著瞧」的政
策心態。〈從「台灣地位未定論」到「台灣前途未定論」〉一
文在《中國評論》2009 年 6 月的發表，其目的在探索國民黨
對於台灣未來前途論述的改變緣由與過程。

　　冷戰前期，美國一方面與中華民國維持外交關係，但是
另一方面卻對中華民國這個友邦所擁有的台灣持「台灣地位未
定論」，這當然是國際間少有的事。一直到 1972 年的上海公
報，美國正式放棄了「台灣地位未定」的主張，接受台灣是屬
於中國的一部分，只是沒有清楚說出屬於兩岸的哪一個中國政
府。在冷戰期間，兩岸進行的是代表權的爭奪，台北與北京均
視統一為唯一的選項，差別在於誰統一誰。這段時間，台灣前
途只有一個選擇，就是追求統一，而且是要統一大陸。

　　一直到 1991 年的國統綱領，台北仍然將統一做為唯一的
前途選項，但是在實際的政治行為上，自 1994 年起李登輝開
始，已經弱化了統一選項的正當性。到了 1999 年提出「特殊
國與國」，2002 年陳水扁提出「一邊一國」，台灣在走一條
「憲法統一」、「政策獨台」、「行為分離」的相互矛盾道路。

　　1996、2000、2004、2008 四場總統大選，外表看起來是
民主化的必要過程，但是主導這些大選的卻是台灣未來前途的
統獨爭論、族群鬥爭，是一場「獨」向「統」宣戰的選戰、更
是一場民進黨以本土政黨自居，壟斷愛台論述的征戰過程。

從衝突的性質來看，這十餘年來，台灣內部進行的是一場不流血的「民主內戰」，而不是一個學習真正民主的民主化進程。

1996、2000、2004 三次大選，都是主張「台獨」的候選人贏得選舉。1996 年看似國民黨獲勝，最後發現李登輝根本不是孫中山的信徒，反而是台獨的導師。2008 年國民黨算是真正贏回了政權，這一年應該是結束台灣民主內戰的日子，確定中華民國前途的大方向。但是國民黨執政以後，沒有重新恢復國統會，也沒有重拾國統綱領，在前途問題上，反而是以「不統、不獨」做為主張。

如果說在 1996-2008 年期間，國民兩黨對於台灣前途有不同看法，但是在 2008 年馬英九執政以後，台灣前途未定已經是國民黨的政策主張了。目前台灣內部並沒有形成一個兩黨均能接受的大論述，國民黨要走「擱置爭議、維持現狀、不統不獨」的「台灣前途未定論」道路，民進黨要走的卻是「清楚通往台獨」的路線。

沒有方向，不會有論述，更難形成一個完整的政策，很遺憾地，台灣正處在這種「缺少方向、論述與政策」的階段，如此下去，不僅不利於台灣的發展，也很難取得與大陸的共識。

2009 年 1 月中旬，我與北京的許世銓先生在上鳳凰衛視的「震海聽風錄」節目的空檔，談及兩岸學術菁英應有必要就兩岸未來的和平協議問題進行討論。經過了近五個月的準備，同年 6 月間，在許世銓先生的安排下，兩岸統合學會與清華大學法學院、中美關係研究中心在清華大學舉辦了一場「兩岸關係高級論壇：兩岸和平協議」的研討會。主人之一的王振民院長在現場發表一篇〈「一國兩制」下國家統一觀念的新變化〉

文章，他在文中提出以下看法：「如果統一是必然的，那麼能夠維持現狀的統一當然就是最好的統一方式。至於是否叫做『一國兩制』並非問題的關鍵」。

　　長期對於兩岸關係的研究，我對於兩岸定位的看法曾有不同的表述，但是核心觀點並沒有多大的改變。從最早期所提出的「一中兩國」，其中「一中」是指「整個中國」，即中華民國加上中華人民共和國。在那個階段「統一」是唯一的選項，因此，「一中兩國」並不隱含著中國會走向分裂的說法。但是在李登輝將「一中」去政治化與去憲法化，而將其僅視為歷史、地理、文化、血緣上的概念，而且統一不是唯一選項，並且提出本質上是「兩（外）國論」的「特殊國與國」後，我在後來新的著作中將兩岸定位改以「整個中國內部的兩個平等政治實體」或「整個中國內部的兩個憲政秩序主體」等方式表達。這些不同的表述都有一個共通點，即兩岸目前存在著三個主體，一個是整個中國，它雖然沒有一個在整個中國行使中央權力的政府，但是由於兩岸目前的憲法均還是「一中」，因此，「整個中國」仍是一個法人，而它的權力，暫時由一個在北京的中華人民共和國政府與另一個在台北的中華民國政府共同行使。從法律面來說，兩岸存在著三個主體，一是整個中國，另外兩個是北京的中國與台北的中國。

　　長期的社會運動夥伴，更是尊敬的學術界大師黃光國教授，嘗試簡潔地將「整個中國內部的兩個憲政秩序主體」簡化為「一中兩憲」，並在 2005 年以《一中兩憲：兩岸和平的起點》一書為名出版。

　　「一中兩憲」簡潔地為目前的兩岸政治定位做出了論述，意指目前兩岸均屬一中，但是也存在著兩部憲法，這兩部

憲法所反映出來的就是兩岸之間制度的不同，因此，如何協
調、融合這兩部憲法就成爲兩岸應該努力的方向。

　　或許是因爲「一中兩憲」推出的時刻，正是台灣民粹最
高漲的階段，「修憲」、「公投」是台灣政治舞台的重要戲碼，
在這樣的時宜背景下，「兩憲」的提法，又讓人覺得與「兩國」
差異似乎不大，北京也會認爲，如果接受「兩憲」，等於同意
台灣未來可以透過包括公投在內的憲政程序，而造成兩岸永久
分裂的事實。

　　我反覆地思索，在整個理論的建構上，必須更完備地將
兩岸定位與目標一起標示出來，而且要與北京的論述做接軌。
王振民院長文章的觀點，以及在研討會時的看法，讓我重新閱
讀與思考鄧小平「和平統一、一國兩制」的立論精神。在與謝
大寧、黃光國教授多次討論後，我提出了「一中三憲」這個主
張。在《中國評論》2009 年 8 月發表的〈一中三憲：重讀鄧
小平的「和平統一、一國兩制」〉就是在這樣的因緣背景下產
生。

　　「一中三憲」既是兩岸的政治定位，也是兩岸的未來政
治目標。〈一中三憲〉一文等於是把前一篇文章〈論兩岸與中
國的關係〉再進一步地做了分析。透過各種協定的簽署、共同
體機制的產生、共同政策的施行，讓「整個中國」，即第三憲
逐漸實體化與憲法化。從這個角度來看，第三憲等於是兩憲上
面的大帽子或大屋頂，也可以看成是連結兩岸的橫樑。第三憲
的第一塊基石就是《兩岸和平發展基礎協定》，透過這個兩岸
必須遵守的協定，第三憲即已有了開始。

　　在對「一中三憲」做了清楚地論述後，再轉向另一個面

向，即對兩岸統合做進一步的理論論述。在《中國評論》2009
年 10 月號發表了〈共同體：兩岸統合與第三憲的樑柱〉一文，
對於共同體在未來兩岸統合階段做了理論性的分析。

　　這篇文章從兩岸最重要的「認同」問題出發，對於為何
國民黨重新執政，兩岸交流日益頻繁，但是彼此的重疊認同愈
來愈遠、對於統一的認同也是愈來愈低等問題提出了分析。該
文分別從功能理論、新功能理論檢視後認為，只是物質性的經
貿交流，無法產生重疊的認同，只有透過政治性的安排，才能
夠增加認同的共識，在這一方面，歐洲統合的經驗可以為兩岸
統合提供相當多的參考經驗。

　　兩岸統合是一種「合中的分、分中求合」的過程，更是
一種「互為主體、共有主體」的結構，它與傳統的「統」、「獨」
不是一個主體就是兩個主體的結構主體不同。在處理兩岸憲政
認同問題時，最好用加法，而不要用減法或排除法，透過共同
體與共同政策的設置與運作，兩岸可以相互學習，共同推動治
理，如此可以達到逐漸強化對第三憲重疊認同的結果。

　　如果「一中三憲」是兩岸法律的框架，那麼「共同體」
則是讓整個框架能夠更為堅實的樑柱。透過兩岸協議所形成的
共同體愈多，兩岸統合的實質內涵就愈豐富，而這些協議都是
「第三憲」的基礎。

　　〈共同體：兩岸統合與第三憲的樑柱〉一文發表前，9
月中旬兩岸統合學會與中國社會科學院台灣研究所在北京舉
辦「兩岸和平發展路徑」研討會。透過余克禮所長的安排，兩
岸菁英學者再一次就兩岸政治定位展開討論。在這次會議中，
我們向北京的朋友深入分析「一中三憲」與「共同體」等概念，
北京的朋友則提出一個關鍵性的問題：如何讓兩岸和平發展不

可逆轉，兩岸如何建立基本互信。

這些問題的確很重要，如果沒有基本互信，兩岸任何發展都可能只是權宜之計，也可能只是為謀私利的手段而已，現階段的和平發展終究可能是鏡花水月、海市蜃樓。回到台北以後，我立刻著手寫了一篇〈論建立兩岸互信〉一文，後來在《中國評論》2009 年 11 月發表。

該文認為，兩岸如果要建立互信，就首先必須了解對方所堅持的底線在哪裡？對於北京來說，「一個中國」是北京不可能退讓的底線，因此，任何台獨的期待都是不切實際的幻想，對於台北而言，是「憲政地位」，除非是兵臨城下，台灣內部的主要政黨不可能在這個問題上讓步。如果兩岸能夠在這兩個核心問題上取得共識，那麼兩岸的基本核心共識就可以建立。

至於如何讓兩岸的基本互信不再逆轉，雙方透過和平協定的簽署是必要的第一步。兩岸在「一個中國」與「憲政平等」的基礎上成立共同體，是確保兩岸和平發展並走向統一與不可逆轉性的必要措施。「沒有自信就沒有互信」，是我們在討論兩岸如何建立互信時必須有的認識，把未來放在期待對方的讓步或屈服並不是個智慧與理性的選擇，能夠體會對方的核心需要，用同理心去處理爭議，才是真正的有自信。

2009 年底，ECFA 是否要簽署在台灣社會引發爭議。ECFA 應該是個純經濟的協議，但是由於兩岸的特殊狀況，帶有了高度的政治意涵。這場爭議背後顯示的是，台灣到底應該如何看待與中國大陸的關係。民進黨不會不希望兩岸關係和平發展，但是偏好認定兩岸關係是一種國與國間的睦鄰關係。國

民黨在這一方面則顯得有些模糊，不同場合有不同的表述。依
照憲法，兩岸是中華民國內部的兩個「地區關係」，但是當李
登輝提出「特殊國與國關係」時，也是全國民黨為其背書，
2007-8 國民黨為了反制民進黨的「入聯公投」，也提出了包
括以台灣名義加入聯合國在內的「返聯公投」。國民黨的「台
灣前途由 2300 萬人共同決定」與民進黨的「台灣前途決議文」
已經沒有多大差別。

　　另外，「台灣是個主權獨立的國家」是一種台灣獨立建
國的表述，但是「中華民國是個主權獨立的國家」卻在台灣沒
有多大的爭議。不過，我們可以想想，如果兩岸目前都是「一
中憲法」，彼此的主權都涵蓋對方，在這樣的憲法規範下，我
們說「中華民國是個主權獨立的國家」，那麼「中華人民共和
國」算個甚麼？同樣的，如果認為「中華人民共和國是個主權
獨立的國家」，那麼，中華民國是否已經不存在了？

　　以上這些似是而非的表述，讓我覺得有必要在〈論兩岸
與中國的關係〉、〈一中三憲〉兩篇有關探討兩岸定位的文章
後，再撰寫一篇討論兩岸關係特殊性與主權的文章。2009 年
12 月底，正逢汪道涵先生逝世四周年，為了紀念這位老先生，
我就從汪老所提出的八十六字箴言與共同締造論切入，撰寫了
〈論主權共享與特殊關係〉一文，於 2010 年 2 月在《中國評
論》發表。

　　該文完整地把李登輝「特殊國與國」關係形成的歷史軌跡
做了陳述，並指出由於李登輝主張，「中國」只是一個歷史、地
理、文化、血緣上的民族概念，因此，他所說的「特殊國與國」
關係其實與一般外國間的「國與國」關係並沒有差異，他的「特
殊國與國」論點基本是就是「兩國論」或「獨台」的論述。

　　胡錦濤先生在 2008 年 12 月 31 日的談話中，也提出了兩岸為特殊關係的看法，他說：「為有利於兩岸協商談判、對彼此往來作出安排，兩岸可以就在國家尚未統一的特殊情況下的政治關係展開務實探討」。李登輝與胡錦濤兩人對於「特殊關係」見解的差別在於，李登輝將「特殊關係」立足於兩岸歷史、文化、血緣、地理的相近性，統一不是必然選項，胡錦濤則是將「特殊關係」界定為統一前特殊情況下的政治關係。

　　該文從學理上討論「特殊關係」應有的意涵，指出所謂「特殊關係」，在法理上，它既不同於國際關係，也不是兩岸任何一方的內政關係，而是一種「整個中國的內部關係」，而「特殊關係」存在的基礎則在於兩岸人民對於整個中國主權有共有與共享的權利。

　　在政治的運作上，兩岸「特殊關係」是一種「平等不對稱的關係」，如果如胡錦濤所期望，將「特殊關係」界定為統一期特殊情況下的政治關係安排，那麼兩岸如何在「主權共有與共享、治權平等而不對稱」的基礎下推動兩岸「共同治理」，是值得兩岸共同研究的課題。該文也指出，廈門大學台灣研究院劉國深院長所提出的「國家球體理論」即是「主權共有共享」與「共同治理」的另一種表述，與「一中三憲、兩岸統合」有高度的接軌性。

　　主權與治權是兩個不同概念，但是有不少人在討論兩岸關係時將其混淆，使得兩岸問題變得複雜。兩岸目前的法理現狀是「主權宣示重疊、治權分立」，因此，我們應該做的是如何將從「主權宣示重疊」到「承諾主權重疊」，即促成「雙方承諾主權共有與共享」。當兩岸都接受主權共有與共享時，兩

岸就是「整個中國」內部的兩個治權,不存在哪一方是「主權獨立」的情形。

目前的兩岸憲法都是「一中憲法」,但是在宣示上卻是採行相互排斥的主權觀,因此,馬英九所說的「兩區論」是把大陸地區看成是中華民國的地區,而北京迄今也只是把台灣看成是中華人民共和國憲法下的一個可以享有高度特殊待遇的地區。

不止一次,我撰文建議北京可以考慮在「一中新三句」,即「世界上只有一個中國、大陸與台灣同屬一個中國、中國的主權與領土不容分割」之後,再加上第四句,「其主權由兩岸全體人民所共有與共享」。未來在兩岸和平協定中,可以用「承諾不分裂整個中國」、「共同維護整個中國的主權與領土完整」等文字表述。

2010 年春節期間,我與聯電榮譽董事長曹興誠先生就其《兩岸和平共處法》與聯合報就「一中同表或一中各表」才是兩岸和平發展的基石等議題進行了一系列的辯論。3 月中旬,兩岸統合學會將這些辯論集結,以《一中同表或一中各表》為書名出版。這些辯論的背後,其實牽涉到我們如何看待兩岸關係的現狀,以及如何期待兩岸關係的發展。簡單地說,我與他們的差別在於要用甚麼態度去面對兩岸關係的問題。

不同的理論其實蘊藏著不同的思路與不同的期待。對一個期待台獨選項或是只想到軍事安全的人,必然會選擇現實主義的思維,因為他們認為沒有武力、沒有美國的介入,台灣的安全就沒有保障,也不可能確保台獨的成功,因此,他們言必稱國家主權與國家安全。對於在兩岸關係上只願意談經濟而不願意談政治的人來說,國際關係的新自由主義是最容易拿來引

用的理論，因而他們強調的是「互利」、「雙贏」、「先經濟、後政治」，他們的理由是經濟互賴必然可以自動外溢到政治。對於希望兩岸關係能夠穩定和平發展的人會了解到，如何建構兩岸的認同是多麼的重要，因此，他們會從社會建構主義來找尋可以立論的依據。

　　2010 年 4 月《中國評論》刊登的〈兩岸和平發展的理論探討〉就是在這樣的背景下撰寫，這也是本書一系列文章中的倒數第二篇，希望從理論面為「一中三憲、兩岸統合」提出的原因與考量做一個全面性的理論論述。

　　我們可以借用國際關係的（新）現實主義、（新）自由主義、社會建構主義三個理論來分析兩岸關係。在處理兩岸關係時，現實主義的概念很重要，不可忽視，但是現實主義的方法是不足取的。新自由主義的理想非常好，其方法也值得採行，但是應用在兩岸關係時，仍然有其不足之處。新自由主義對於兩岸來說，是個必要條件，但卻不能成為一個充分條件。至於社會建構主義所強調的認同，則是兩岸能夠達到長久和平，最終邁向統一的充分條件，沒有共同的重疊認同，不要說統一，連現在的和平發展都會變得脆弱。

　　「一中三憲」主張兩岸同屬整個中國，尊重兩岸憲法均為「一中憲法」，雙方主權主張重疊。基於憲法與民族使命，彼此承諾不分裂整個中國，也基於現實，接受兩岸為平等的憲政秩序主體，並共同追求整個中國的憲法化。這樣的看法，顧及到了現實主義所在乎的「主權」（主體性），是一種雙贏的安排。「兩岸統合」基本上是融合了新自由主義與社會建構主義的一些主張，以新自由主義所強調的「互惠互利」來追求兩

岸的雙贏，以社會建構主義所在乎的「認同」做為兩岸推動相關政策的目標。強調兩岸應簽署和平發展基礎協定，並同時在文化、經濟、貨幣、身分、國際參與、安全等議題上，以「共同政策」或「共同體」的方式來推動這些議題。

2010 年 4 月，兩岸統合學會與佛光山本栖寺、中國社會科學院台灣研究所、亞太和平發展基金會共同在日本富士山旁的本栖寺舉辦「本栖會談」，就「一個中國與兩岸政治定位」與「兩岸和平協定內容」進行深入的交談。這是一次有歷史意義的對話，以「一中三憲、兩岸統合」為內涵的「一中同表」是這次會談的重要主題。長達五天的互動，讓我們感覺到，只要我們能夠站在整個中華民族的前途來思考，理性討論有相當大的空間，我們也感受到，「一中三憲、兩岸統合」是一個可以繼續深化的對話主題。

回到台北以後，我撰寫本書的最後一章〈論兩岸統合的實踐〉，刊登於《中國評論》2010 年 6 月。這一篇文章既是總結，也是另一個系列的開始，更是未來實際推動統合工作的再進一步昭示。該文是繼〈論兩岸統合的路徑〉、〈共同體〉兩篇文章以後，再一次就兩岸統合的具體內涵做深入探討。

該文從「和平協定」、「文化統合」、「貨幣統合」、「經濟統合」、「身分認同」、「安全認同」、「國際參與」等七個面向擬訂未來的努力方向。

這七大方向中，有些有優先順序，有的是現在即可以推動，有些是必須由兩岸共同推動，有的則是北京可以率先實踐。例如，在推動「華元」做為計價單位方面，北京就可以率先啟動貨幣統合；在使用「中華卡」做為台灣民眾前往大陸的身份證明或工作許可文件，以強化兩岸身份認同方面，北京也

可以開始推展。在文化統合方面，北京可以將學者建議的 157
個簡體文字先行還原，並啟動繁簡並用的政策，以方便兩岸文
化認同的接軌，兩岸也可以共同編寫現代史，推動深層的文化
與教育交流，進而建構兩岸文化共同體。這些工作都不需要兩
岸簽署和平協定即可先行開始。

透過以「一中三憲、兩岸統合」為內涵的和平協定的簽
署，讓兩岸的政治定位與未來目標可以確定，雙方都不必再耗
費精力在互相猜忌，可以進入更深層的互信合作，共同推動兩
岸在國際間的共同參與，以及彼此在軍事上的互助合作。透過
統合體（共同體）的建構以及共同政策的實施，讓兩岸可以進
行全方位的共同治理。

從 1981 年開始接觸德國問題，到現在已經近三十年了。
這三十年可以算是我生命中最壯年的時刻，在工作層面，初期，
我在外交部參與的是一場與北京的外交零合戰役；再來，我進
入陸委會，與北京是既合作又鬥爭；最後回到學術界，與大陸
朋友交往，時而共同探討兩岸關係的波濤詭譎，時而共同找尋
兩岸關係的發展基礎。在知識層面，這三十年中，我不斷的在
不同知識上探索，期望能夠為兩岸關係找尋學理上的他山之石。

時間過得真的很快，一晃眼，我也已經不再年輕，這三
十年中，對於兩岸關係的研究從分析性的研究轉移到規範性的
期許。對我而言，再多的國際關係、歐盟、德國研究，也不過
是邊陲者對於當代國際政治主流社會的冷冰冰觀察，但是兩岸
關係的探索卻是與我們的未來活生生的直接連在一起。

這三十年來，我的知識逐漸成長，觀察也慢慢成熟，但
是卻愈來愈感覺到自己的無力感，畢竟兩岸關係有太多立場的

考量。在成長的歲月中，我因緣際會的與佛光山結下不解之緣，在與星雲大師與眾多師父互動的過程中，更深刻了解一些「因、緣、果」之間的道理。因、緣、果三者之間互有關連循環，過去之因，必有今日之果，而今日之果可能為他日之因，緣本身是因，也可能是果，也可能助長因果。

如果我們能為和平發展種下善因，日後才有機會得到善果。如果能為兩岸關係種下福田，以後兩岸關係蔓生雜草的空間自然就減少。做為一個關心兩岸的一份子，我所能做的，就是盡量散播有助於兩岸和平發展、兩岸人民能夠共獲其利的種子，或許我並沒有能力去拔除不利於兩岸關係發展的雜草，但是當善的種子、善的幼苗夠多時，雜草自然沒有滋生的空間。

本書《統合方略》是我為兩岸和平發展所種下的種子與幼苗，它是否能夠長大，是否能夠遍及整個水田，取決於是否有足夠的陽光與水份。所有這些善緣都會值得期待的。這一路走來，有太多兩岸的朋友提供了舞台，讓知識的種子可以傳播，在此要特別感謝《中國評論》給了我們與整個華人社會對話的機會；這一段時間，也有太多的學者參與討論研究，讓幼苗的品種更為精良，在此也要感謝與我們多次舉辦研討會的兩岸四地菁英先進。

做為一位學者，我只能，也期待，能夠寫出兩岸的和平，但是我期盼，眾生善緣能夠共同開創有利於兩岸人民的統合時代，實踐整個中華民族的美好未來！

謹誌於台灣大學社會科學院研究大樓 311 室
2010 年 5 月 20 日

另記：

為了提供學術界更深入的研究，兩岸統合學會與中國評論學術
出版社、台灣大學政治學系暨區域統合研究中心合作，將近一
年多來，兩岸統合學會與學術界的研究成果共同集結成書，以
《兩岸政治定位探索》為名與本書同時出版。該書蒐集近年來
兩岸學者對於兩岸政治定位的思考結晶，提供兩岸政府、學
者、智庫、關心兩岸前途的朋友參考。

《統合方略》、《兩岸政治定位探索》與《一中同表或一中各
表》三書均已納入台灣大學圖書館數位典藏，讀者如有需要，
亦可自行進入免費下載 PDF 全文。

目　錄

兩岸和平發展基礎協定芻議

前言：兩岸均呼籲達成和平協定

《兩岸和平發展基礎協定》內容

《兩岸和平發展基礎協定》性質

　　(一)為一「臨時協定」而非「終極狀態」

　　(二)從人民的角度提出

　　(三)作為未來合作的基礎

　　(四)尊重簽約雙方的主體性

　　(五)應有的重要內涵

《兩岸和平發展基礎協定》條文說明

　　(一)確定兩岸同屬「整個中國」

　　(二)相互保證不分裂整個中國

　　(三)同意兩岸平等地位

　　(四)同意不使用武力

　　(五)同意成立共同體

　　(六)在國際組織共同出現

　　(七)互設常設代表處

　　(八)批准方式

　　(九)簽署方名稱：北京中國與台北中國

結語：以民族整體利益出發

前言：兩岸均呼籲達成和平協定

　　胡錦濤先生在中國共產黨「十七大」報告中，對於兩岸關係提出規範性的談話稱，「我們鄭重呼籲，在一個中國原則的基礎上，協商正式結束兩岸敵對狀態，達成和平協定，構建兩岸關係和平發展框架，開創兩岸關係和平發展新局面」。馬英九先生也不止一次表示，希望兩岸之間能夠簽署「和平協定」。

　　做為一位關心兩岸和平發展的學者，應《中國評論》的邀請，嘗試為未來的兩岸和平發展框架，也就是和平發展協定撰寫一草案，以就教國內外學者專家。本文分為三個部分。一是所擬《兩岸和平發展基礎協定》（以下簡稱《基礎協定》）本文，二是對於《基礎協定》性質的看法，三是作者對於所擬《基礎協定》所做的說明。

《兩岸和平發展基礎協定》內容

　　協定當事雙方認知到整個中國自一九四九年起處於分治狀態，但仍同為中華民族一分子之事實，鑒於彼此對促進民族和平與發展之共同責任，意識到兩岸同屬整個中國、彼此相互平等是和平之基礎條件，也瞭解到雙方以統合方式經由共同體之建立是共同發展之基礎路徑。基於兩岸人民之利益，創造兩岸合作條件之願望，爰達成如下協議：

第一條　兩岸同屬整個中國，彼此均無意從整個中國分離，並承諾不分裂整個中國、共同維護整個中國之領土主權完整。

第二條　兩岸在平等之基礎上，發展彼此間正常之關係。

第三條　兩岸同意，尊重對方在其領域內之最高權力，任何一方均不得在國際上代表對方，或以對方之名義行為。雙方均尊重對方之內部憲政秩序與對外事務方面之權威。

第四條　兩岸同意，不使用武力或以武力威脅對方，完全以和平方法解決雙方之歧見。

第五條　兩岸決定在雙方同意之領域成立共同體，以促進彼此合作關係。

第六條　兩岸同意，雙方在國際組織中彼此合作，雙方在國際組織之共同出現並不意涵整個中國之分裂，並有責任共同維護中華民族之整體利益。

第七條　兩岸同意互設常設代表處。設置代表處之有關實際問題，將另行補充規定。

本協定須經批准，並自交換有關照會之日後生效。

簽署人：

北京中國○○○　　　　　　　台北中國○○○

（註：本協定後再做文字精簡修正，請參考第 233-234 頁。）

《兩岸和平發展基礎協定》性質

(一)為一「臨時協定」而非「終極狀態」

《兩岸和平發展基礎協定》基本上是一個「臨時協定」（Modus Vivendi)，而非一「終極狀態」的「永久協定」性質。如果是「永久協定」，那麼等於承認兩岸應該永久維持現狀，中國大陸應該不會接受，台灣亦不應追求此一政策。

(二)從人民的角度提出

爲何不以「結束敵對狀態」稱之？在國際法上，顧名思義，所謂「結束敵對狀態」用於兩個處於衝突的敵對雙方願意結束衝突的狀態。兩岸從內戰開始、1949 年分治以來，雖然經歷一些武裝衝突，但是在 1970 年代以後，兩岸已經沒有真正的武裝衝突，更何況自 1980 年代末，台灣開放赴大陸探親以後，兩岸民間交流日漸密切。近年兩岸經貿關係更是密不可分，上百萬的台商在大陸經營事業，大陸觀光客已經可以來台，包機直航即將成爲常態，貨運直航也將開始啓動。從兩岸人民的觀點來看，兩岸早已不存在所謂的「敵對狀態」，所差的只是兩岸政府是否能夠有足夠的智慧與心胸來開創未來。因此，未來有關兩岸的和平合作協定，不宜再由消極性的「結束敵對狀態」觀點切入，更不宜以「結束敵對狀態」爲協定或協商之名，而應以積極性的「和平發展」態度處理兩岸關係。

（三）作為未來合作的基礎

要開啓兩岸和平發展必然是一個全面性的過程，一份協定不可能將其和平發展的所有面向做完全陳述，因此，兩岸未來簽署有關和平發展的協定必然是一份「基礎性」的協定，以做爲未來和平合作的基石與路徑。因此，本文建議未來的協定以《兩岸和平發展基礎協定》爲名。

（四）尊重簽約雙方的主體性

一般慣例，「和平條約」或「和平協定」多用於國際間，如果是純粹的國內事務，大多由「和解」來代替「和平」。胡錦濤先生自然不會認爲兩岸屬於國際關係，更不會認爲台北的政府是「外國」，胡錦濤先生所以會用「和平協定」爲未來兩岸框架定調，其實已經充分表示願意尊重台灣方面的「主體性」，胡錦濤先生這項善意乃是未來兩岸在討論「和平發展協定」時所不可忽略的。

（五）應有的重要內涵

兩岸關係能夠和平發展的基礎，簡單的說包括三個重點，一是「兩岸定位」；二是「合作發展的方式」；三是「未來的方向」。也就是說，未來的《基礎協定》，首先必須確定一個合理且彼此能夠接受的「兩岸定位」，其次「合作發展的方式」必須是有助於兩岸往「統」（integration），而不是「離」（secession）的方向發展；最後「未來的方向」並須回歸到「一個中國」（即

本文後所稱的「整個中國」）。

《兩岸和平發展基礎協定》條文說明

(一)確定兩岸同屬「整個中國」

　　《基礎協定》前言部分屬於事實與願望的陳述。「認知到整個中國自 1949 年起處於分治之狀態，但仍同為中華民族一分子之事實」一語，表示兩岸「正視政治分治現實」，但是也同意彼此均為中華民族的一分子，也就是說，兩岸目前的分治只是「治權」的分治，從民族角度來看，彼此還是一家人。

　　由於同一民族仍然可以分為不同的國家，例如德國與奧地利即同屬德意志民族，因此，前言部分特別將「意識到兩岸同屬整個中國」做為簽署和平發展基礎協定的第一個先決條件。除了在「前言」部分寫上「意識到兩岸同屬整個中國」文字外，更在本文第一條陳述「兩岸同屬『整個中國』」，表達出彼此的相互承諾。

　　如果「整個中國」只是一個民族的概念，那麼 1949 年以後的中國土地上就會被理解為存在這兩個中國人國家，彼此雖然同為中華民族，但是在政治與法律意義上已經是兩個不同的國家，因此「兩岸同屬整個中國」不僅是民族的描述，也是政治與法律的界定，如果從傳統中國的歷史看，「整個中國」有點像周朝春秋戰國時期的「周天子」，兩岸則類似「齊楚秦燕」等國的關係，彼此仍同奉周的正朔，周天子代表的是天下的概念，其他諸侯國之間則是隸屬於周的兄弟之邦。兩岸目前的分

治，並不表示「整個中國」就不存在，因此「一族兩國」（one nation, two states）並不是正確的兩岸定位。「中國」做為一個政治與法律的概念仍然是存在的，「中國」不僅是一個歷史、地理、文化上的概念，更是一個政治與法律的概念。我們可以將「整個中國」看成一個屋頂或是兩岸相加之合，「整個中國」的權力目前暫時由兩岸政府分別行使。

為何需要在《基礎協定》中強調「整個中國」的原則？由於目前的兩岸憲法均為「一中憲法」，從邏輯上來說，只要雙方不修改憲法有關「一中」的部分，就合乎「兩岸同屬整個中國」原則。但是由於台灣在最近一次，2005 年的修憲中，將未來修改憲法的程式，修改為必須經過「全民公投」的程式，依照憲法的精神，如果未來修憲是要經過二千三百萬人通過，在本質上，修改後憲法形成基礎與當時以全中國為基礎已經不同，可以解釋成為「制憲」，而非「修憲」。因此，《基礎協定》的簽署可以避免台灣方面未來在修憲時可能引發「制憲」的法理爭議，對中國大陸而言，《基礎協定》的簽署等於台北方面願意以文字協定方式做出承諾，而不是單方面的以「憲法」做為依據。

透過《兩岸和平發展基礎協定》中「兩岸同屬整個中國」的相互承諾，以書面文字確定兩岸不同於一般的「外國關係」，而是「整個中國」的「內部（inter-se）關係」。

「整個中國」（whole China）的本意即是「一個中國」（one China），但是「一個中國」的用法容易產生文字上的模糊，更容易引發兩岸「誰是這一個？」的爭議。兩岸自 1949 年開始「一個中國代表權」之爭，但是事實上，所謂的「中國」

應該是指「中華人民共和國」與「中華民國」的總合，主權屬
於兩岸全體人民。兩岸均應放棄「一個中國就是中華民國」或
「一個中國就是中華人民共和國」的「排它性」論述，接受「大
陸與台灣同屬中國」的看法。因此，就文字的周延性與客觀性
而言，以「整個中國」取代「一個中國」，既不失其原義，又
能完整地表達出其應有的意義，「整個中國」也意指兩岸在互
動中，必須將「中國做為一個整體」（China as a whole）做為
原則來思考。

確定「兩岸同屬整個中國」為首要原則，也是回應胡錦濤
先生與中共長期主張兩岸關係和平發展框架必須建立「在一個
中國原則的基礎上」的要求。

（二）相互保證不分裂整個中國

《基礎協定》本文第一條「兩岸同屬整個中國，彼此均無
意從整個中國分離，並承諾不分裂整個中國、共同維護整個中
國之領土主權與完整」。第一條是雙方對於基本立場的表述，
是兩岸和平發展協定的政治基礎。一方面表達出雙方「無意」
分離，另一方面，透過協定的簽署，雙方承諾「不分裂整個中
國」，即不從事分離整個中國的行為。再進一步，兩岸願意共
同做出積極的承諾「維護整個中國領土主權完整」，這表示在
釣魚台、南海等國際爭議性的領土上，雙方有責任共同努力，
以維護整個中國的領土與主權。

「兩岸同屬整個中國」的意涵為「整個中國的主權屬於兩
岸全體人民」，因此，未來北京或台北與第三方簽署有關涉及
領土的主權事務時，必須得到北京與台北雙方面的同意。舉例
來說，未來北京與他國簽署有關疆界的條約時，台北方面亦有

權參與，反之亦然，原因很簡單，兩岸的邊界均是兩岸中國人的邊界，不是兩岸自己可以說了就算。

(三)同意兩岸平等地位

第二條「兩岸在平等之基礎上，發展彼此間正常之關係」，指出兩岸雖非政治或國際現實上的權力「對稱」（symmetry）關係，但是在法律的位階上為「平等」（equality）關係。換言之，在國際舞台上，兩岸可以有權力上的差距，有大有小，並不一定「對稱」，但是在兩岸互動交往時，彼此為平等關係，雙方並非是中央與地方的歸屬關係。正如同在一個家族內，兄弟間或許有權力大小的差別，但是在法律層面，彼此仍為平等。由於有「兩岸同屬整個中國」這個前提，因此兩岸間的平等關係並不能夠解釋為國際法上兩個外國間彼此的平等關係，正如同兄弟兩人平等不能解釋為兩人為「外人」關係。兩岸合理定位應為「整個中國內部兩個具有憲政秩序之政治實體的平等關係」，是一種有別於一般國際關係的「特殊關係」。

第二條是衍生於第一條有關「整個中國」的觀點。第一條表示兩岸關係不是一般國家與國家間的「外國（foreign）關係」，而是「整個中國」的「內部關係」，第二條清楚的說明兩岸關係不是彼此的「內政（domestic）關係」，即台灣地區不是中華人民共和國的一部分，但是「中國」的一部分。反之亦然。

2005 年中共通過的《反分裂國家法》，其實也是同樣的精神，即反對台灣從「中國」中分裂，而不是從「中華人民共和國」中分裂。

第三條「兩岸同意，尊重對方在其領域內的最高管轄權，任何一方均不得在國際上代表對方，或以對方之名義行為。雙方尊重任何一方的內部憲政秩序與對外事務方面的權威」文字中沒有使用「主權」（sovereignty），而使用「最高權力」（the highest power）一詞，即為避免造成兩岸為國際法上的外國關係。

「尊重對方在其領域內的最高權力」指由於目前還沒有完成統一，因為北京與台北的政府均只有在自己所管轄的領域內享有完整的管轄權，而不能及於對方。如果用國際法的術語來說，兩岸只有在自己的領域內才是個完整的國際法人，如果從整個中國的領域，或整個中國的事務來看，兩岸均非完整的法人。

使用「內部憲政秩序」表示尊重彼此在其內部行政、立法與司法的完整管轄權。沒有使用「國家」一詞，是為避免傳統國際法用語可能引發兩岸是「國與國」外國關係的誤會；使用「對外事務方面的權威（authority）」，而未使用「外交的獨立（independence）」是考慮兩岸關係的特殊性，因而避免使用傳統國際法上所常用的「外交」、「獨立」等用語，除了相互表達善意，更間接地表達出兩岸均是整個中國一部分的承諾。

（四）同意不使用武力

第四條「兩岸同意，不使用武力或以武力威脅對方，完全以和平方法解決雙方之歧見」是《基礎協定》在「和平」方面的相互承諾。由於在「前言」與「第一條」，雙方已做出了「同屬整個中國」並「保證不分裂中國」的承諾，所謂的「台獨」

已為雙方政府所反對，因此，兩岸已無必要兵戎相見，中國大
陸自然可以放棄對台使用武力或武力威脅。從另一方面來說，
如果台灣方面廢棄在《基礎協定》中「保證不分裂中國」的承
諾，而走向台獨，不使用武力或武力威脅的約束也自然失效。

（五）同意成立共同體

　　前言部分提及「意識到兩岸同屬整個中國、彼此相互平等
是和平之基礎條件，也瞭解到雙方以統合方式經由共同體之建
立是共同發展之基礎路徑」，以及協定第五條稱「兩岸決定在
雙方同意之領域成立共同體，以促進彼此合作關係」是協定的
另一個重點，也是明確地指出「共同體」兩岸和平合作協定的
框架性作法，而不再是一般的雙邊合作而已。

　　傳統的政治學觀點，「政治聯合」不外乎是聯邦、邦聯、
國協等主張，「經濟整合」多是指自由貿易、關稅同盟、共同
經濟政策等形態。二次大戰後，歐洲國家創造了一個新型態的
政治聯合與經濟整合架構，即創造了一個綜合「政治聯合」與
「經濟整合」的「歐洲共同體」。

　　歐洲共同體內有「超國家」（supranationalism）與「跨國
家」(intergovernmentalism)組織，屬於一種「分中有合、合中
有分」、介於「聯邦」與「邦聯」之間的政治體制。在對外關
係上，歐洲共同體與會員國都是法人，差別在於前者是不完整
的國際法人，而後者是一完整的國際法人。不過，歐洲共同體
做為法人的權限並非固定，如果會員國願意多給些權力，那麼
其國際法人的地位將愈趨完整。

　　國家間的合作與共同體的合作不同，前者仍是以各個國家

為單位,透過交往協商進行;後者除了各會員國外,共同體本身就是一個常設性的組織。組織本身有追求功能的使命,因此也會追求不斷的自我強化,機構強化的結果自然削減了會員國的權力,最終使得所有會員國密不可分。共同體的另一項功能在建立彼此的共同重疊認同(overlapping identity)。兩岸共同體能夠成立,透過多種共同體的運作,重疊認同將因而擴大。當兩岸人民,特別是台灣人民將愈來愈能接受兩岸同為中國人,其為命運共同體的看法時,兩岸從統合到統一自然有了堅固的基礎。

站在中國大陸的立場,如果把「一國」看成是「整個中國」,現階段兩岸已是「兩制」,如何從「一國兩制」過渡到「和平統一」,兩岸共同體的設置將是一個最理想的路徑。對中國大陸而言,兩岸目前存在的問題是,台灣人民對於中國大陸的認同並沒有因為經貿交流增加而擴大,反而「贊成統一」者愈來愈少,其原因就是因為沒有機制幫助兩岸人民建立同是「中國人」的認同。「共同體」在法律人格方面的意涵是參與雙方「各有主體、共有主體」,透過兩岸共同體的運作,台灣人民無論在政治與經濟上都能得到安全感,也將會感受到「兩岸統合」對於台灣人民的有利性,兩岸的共同認同會深化,符合中共追求「和平統一」的原則。

站在台灣方面的立場,共同體的設立可以做為「國統綱領」從中程到遠程階段中間的機制設計。對台灣人民而言,純粹仿照自由貿易機制的兩岸經貿互動,短期或許對台灣有利,但是長期而言,台灣經濟有可能經由經濟自由流動而逐漸被掏空。透過「共同體」機制,台灣的利益才有可能確保。

需要在哪些議題上建立共同體,可以由雙方政府協商。例

如兩岸可以在迫切需要的事務，例如兩岸「農業共同體」、「台
海社會安全共同體」（處理兩岸走私、犯罪）等低階性的事務
開始，也可以成立「金廈共同體」來相互學習共同體的運作，
或在不影響到境內事務，但又具有象徵性意義的議題成立共同
體，例如「海域安全共同體」或「南海安全共同體」，以共同
維護在釣魚台以及南海事務的安全。哪些議題為優先？就留給
兩岸政府發揮創意吧！

　　另一個作法，兩岸也可以逐行成立一個「兩岸共同體」或
「中華共同體」，讓其擁有部分國際法人地位。即先建立一個
總體性的法律與政治框架，內部要以何種事務為優先，再做安
排。

　　兩岸共同體成立的基礎與歐洲共同體並不同。歐洲共同體
是由各個主權國家所組成，但是兩岸共同體是在「整個中國」
的基礎上，或其屋頂下推動統合，雖然兩者組成分子彼此地位
是平等的。對於兩岸共同體而言，統合是走向統一的前置階
段，對於歐洲共同體而言，統合本身可以是過程，也可以是結
果，因為歐洲共同體各會員國並沒有彼此都是「整個歐洲」此
一法律約束，但是兩岸卻有共同屬於「整個中國」一部分的認
識。

（六）在國際組織共同出現

　　參與國際組織，尋求國際活動空間，一直是台灣近年來的
朝野政黨與人民的期望，第五條「兩岸同意，雙方在國際組織
中彼此合作，雙方在國際組織的共同出現（presence）並不意
涵整個中國的分裂，並有責任共同維護中華民族的整體利益」

是針對台灣需要而規定。

對於中國大陸而言,一方面瞭解台灣人民希望參與國際組織的期望,但是另一方面,又擔心,如果台灣參與類似「世界衛生組織」（WHO）等由國家參與的國際組織,等於讓台北政府同時發展出與其他會員國的正式外交關係,並造成兩個政府同時存在於國際組織的現象,因此,迄今仍不同意台北政府成為這類組織的正式會員。

對於北京政府而言,最好的方法是台灣加入中國大陸在國際組織中的代表團,但這是台灣方面目前所不可能同意的。讓台北政府以「Chinese Taipei」（中華台北）成為「觀察員」或許是大陸最可能的讓步,但是由於台灣社會目前選舉頻繁,「中華台北」將會被輕易解釋成為是「中華人民共和國台北」的簡稱、「中國台北」的同義詞或「中國人台北」。另外,「觀察員」地位並不會被視為中共對台的友善表示,而被看成中共的統戰行為。因此,如何讓台北政府在國際組織能夠有正式的會員資格而又不會造成兩岸永久分裂的事實,是在國際組織中相對台灣為強勢的中國大陸所必須思考的問題。

經由《兩岸和平合作基礎協定》的簽署,確定了兩岸同屬整個中國,因此,兩岸共同以會員國身份存在於國際組織並不會造成兩岸為「外國」的法律結果。

另一個可以在政治與法律上確保兩岸的共同參與國際組織,但是又不會造成兩岸分裂的方法,即以「兩岸三席」的方式為之。例如在「世界衛生組織」的參與上,容許台灣以「台北中國」（Taipei China）名義參與,而台灣也同意兩岸共組一「兩岸共同體」或「中華共同體」代表團做為兩岸參與的第三席。第三席的功能在於協商或規範兩岸在國際組織內部的立

場，共同維護中華民族的整體利益，而其存在的意義，等於向全世界宣示兩岸共同在國際組織中出現，並不意涵整個中國的分裂。

(七)互設常設代表處

第七條規定「兩岸同意互設常設代表處」。使用常設代表處，而非大使館，其意為兩岸並非一般國與國的關係，而是「整個中國」的「內部關係」。「設置代表處之有關實際問題，將另行補充規定」，表示兩岸未來常設代表關係的建立並不是依據《維也納外交關係公約》，而是建立在雙方的約定，未來代表處所享有的特權與豁免等有關規定，也不是來自於《維也納外交關係公約》，而是彼此的共識。

(八)批准方式

協定最後稱「本協定約須經批准，並自交換有關照會之日後生效」，為大多數國際條約或協定的有關規定。至於批准的方式，兩岸各依照自己的憲政程式完成批准。

(九)簽署方名稱：北京中國與台北中國

任何一個協定均有簽署的問題。做為一份兩岸關係基礎協定的正式檔，似乎不宜由民間授權組織海基會與海協會代表，而應由官方簽署。但是，中國大陸方面可能不會同意由「中華人民共和國」與「中華民國」名義簽署。如果最後的簽署是以「中華人民共和國」與「中華台北」名義，可能也不符合雙方

平等的需要，台灣方面也不容易接受。

北京或許要自問，是否願意讓台灣人民分享「中國」的話語權，還是讓時間逐漸造成「一邊中國，一邊台灣」的定型印象？正如同台灣民進黨絕大多數都贊同「一個中國就是中華人民共和國」的論述，而主張「中華民國應該叫做台灣」，「在台灣的人應該是台灣人，而非中國人」，以完全捨棄「中國」的話語。

台北也應該自問，當「台獨」已經變得愈來愈不可能，分享「中國」此一話語權，是否才能擴大自己的影響力？「中華台北」事實上並不是一個好的名字，完全無政治實體的意涵，它只是一個為了參加奧運而不得不接受的「非政治實體」名稱。接受自己為「整個中國」的一部分，不僅合乎憲法，也可以為自己帶來更大的利益。「整個中國」應該是個資產，而非負債。

兩岸在協定中以「北京中國」（Beijing China）與「台北中國」（Taipei China）相稱，表示兩岸處於平等地位，更重要的，完全符合協定中所稱兩岸均屬「整個中國」的一部分，合理地讓兩岸和平發展在「整個中國」的基礎上前進。

結語：以民族整體利益出發

兩岸領導人以及政治人物在處理兩岸和平協定時或許必須思考，是要先做一個「民族主義者」還是「愛國主義者」？如果從「愛國主義」的角度優先出發，那麼結論將是「中華人民共和國」或是「中華民國」（「台灣」）的利益必須置於民

族利益之前，在這個思維下，領土與主權不可與對方分享，吃掉對方或脫離獨立乃將成為必然的選擇，「維持現狀」是想不出辦法時的推託之詞。如果從「民族主義」優先出發，也就是站在兩岸全體中國人的立場看問題，中華民族利益是應該是遠遠高於「國家利益」之上，在這個思維下，兩岸沒有甚麼不能妥協，也沒有甚麼不能合作。

對於兩岸全體中國人而言，「愛國主義」固然重要，「民族主義」更應優先。所擬《兩岸和平發展基礎協定》就是在中華民族的整體利益下，從人民的角度所提出的建言。「整個中國」必須是兩岸的共識，也是互信的基礎，兩岸雖有大小之別，但是目前各為一具有憲政秩序的政治實體，也是一個必須尊重的客觀現實，透過共同體的建立，兩岸逐漸整合為一個真正的「一個中國」或許可以是一個最理想的路徑。

拋磚引玉、集思廣益，謹以此文就教先進專家，共同貢獻綿薄之力。

【本文原刊載於《中國評論》月刊 2008 年 10 月號，總第 130 期】

論兩岸與中國的關係

前言：態度必須客觀、立場不必中立

名詞界定

第一種：兩岸只有一個是完整國際法人，即只有一個是中國

    (一)同一性理論

    (二)內戰理論

第二種：兩岸均為完整的國際法人彼此是外國

    (一)分解理論

    (二)分割理論

    (三)分解理論＝一中一台；分割理論＝兩個中國

中華民國自我定位立場的轉變

第三種：兩岸都不等於中國而是中國的一部分

國際組織的觀點：多談「誰代表中國」少談「誰是中國」

他山之石：東西德如何處理與德國的關係

〈芻議〉一文的再釐清：比較與東西德基礎條約的不同

    (一)基本精神與原則不同

    (二)有無目標的不同

    (三)對於現狀描繪方式的不同

結語：兩岸可以「同一性理論」與「部分秩序理論」並用

前言：態度必須客觀、立場不必中立

做爲關心兩岸的一分子，2008 年 10 月《中國評論》刊登筆者所撰「〈兩岸和平發展基礎協定芻議〉」「（以下簡稱〈芻議〉一文）以來，受到各方學術先進的關注。各位先進都給了筆者相當多的指教、建議與啓發，獲益匪淺。經由兩岸先進們的交談，不僅感受彼此對於兩岸未來發展的關懷，也覺得有必要就〈芻議〉中還需要釐清的一些概念，再做些許補充。

這篇文章希望論述一下兩岸與中國的關係，這是討論兩岸定位最需要釐清的基本問題。

在析論前，容我先談一下對於處理問題的看法。對於社會學科問題的辨析，「態度必須客觀、立場不必中立」，是我在大學部上課時，開宗明義與同學們交待的一句話。只要是人，都會有立場。但是我們在面對問題時，必須要求自己以客觀的態度進行分析討論；至於每個人對於分析的結果如何因應，取決於每個人的價值與立場。

兩岸關係的討論涉及「兩岸定位」與「兩岸走向」兩個面向，前者爲「是甚麼」，應屬客觀的認知；後者爲「應爲何」，可屬主觀的立場。以後再討論「應爲何」的理由與做法，本文只討論兩岸與中國的關係是甚麼。

名詞界定

　　兩岸定位最大的爭議在於對主權歸屬的認知。兩岸自 1949 年以後開始分裂，由於還沒有統或獨的結局，因此，對於中國，兩岸目前處於「分裂中」（dividing），而不是「已經完成分裂」（divided）的狀態。在法律意涵上，存在有三個與中國人有關的中國：中國（China）、中華民國（ROC）與中華人民共和國（PRC）。中國是指 1949 年還沒有分裂前的中國，在〈芻議〉一文中以「整個中國」表示。

　　中華民國於 1912 年繼承大清成爲中國，中華民國當時不僅代表中國，也是中國。1949 年 10 月中華人民共和國在北京成立，中華民國退居台北，兩岸自此開啓了「誰是中國」（which one is China）與「誰代表中國」（which represents China）的主權之爭。「誰是中國」是一個法律問題，「誰代表中國」還牽涉國際政治問題。

　　我們先討論「誰是中國」這個部分，由於兩岸涉及「正統」之爭，也可從國際法的角度來探究，「誰是完整的國際法人，誰不是完整的國際法人」。從國際法的觀點來看，這個問題有三種可能的答案：一、兩岸只有一個爲完整的國際法人，另一方不是個完整的國際法人。二、兩岸均爲完整的國際法人，因此，兩岸在國際法上已經是「外國」關係。三、兩岸只對自己領域內的事務享有完整國際法人地位，對於整個中國（PRC+ROC）事務（包括領土與主權）而言，均不是完整的

國際法人；在國際政治上可以有「誰代表中國」的問題，但是在法律上其實「誰也不是中國」。

　　北京在上述三種選擇中，毫無疑問地在立場上只認同與接受第一種答案，台北在第一與第二種選擇間遊走，但是兩岸的現實狀態卻是趨近於第三種答案。以下即進行法理性的分析。請各位耐心的閱讀，我已嘗試用最簡潔的非法律用語來陳述這些原本是需要非常精準用字而且有些複雜的法律概念。

第一種：兩岸只有一個是完整國際法人，即只有一個是中國

　　這種主張是一種「爭正統「的論述，可以由兩個不同的理論來說明。

（一）同一性理論

　　「同一性理論」（identity theory）指分裂國的某一方與原被分裂國為「同一」（identity）（註：identity 這個字可以譯為「認同」、「身分」、「特性」，用在法律時，譯為「同一」較清楚，表示兩者為同一），具完整的國際法人格地位，另一方不具完整的國際法人地位。在兩岸與中國的關係中，將產生「中華民國是中國」或是「中華人民共和國是中國」兩個可能選項。

　　此項理論又可再分為兩種：一種是「完全同一性理論」（congruence　theory），指分裂中某一方主張其與原被分裂

國為「完全同一」，具完整的國際法地位，其主權與治權均及
於對方。即「中華民國主權與治權均涵蓋對方」或「中華人民
共和國主權與治權均涵蓋對方」兩個結果。

另一種是「國家核心理論」（state's core theory），又稱
之為「縮小理論」（shrink theory），指分裂中某一方主張，
其與原被分裂國為「同一」，具完整的國際法地位，主權因此
及於對方，但是也接受自己目前有效管轄區域縮小，因此同意
治權不及對方。用在兩岸與中國的關係中，將得出「中華民國
主權涵蓋全中國，但是治權僅及於台澎金馬」或「中華人民共
和國主權涵蓋全中國，但是接受（或不否認）台灣政府在台澎
金馬的治權」兩種結果，這個理論可以做為中共「一國兩制」
的理論。

（二）內戰理論

「內戰理論」屬交戰團體（belligerency）或叛亂團體
（insurgency）間有關的國際法規範，指一個國家因內戰而存
在兩個政府，但雙方均主張其本身為唯一合法政府。從叛亂團
體的觀點來看，兩岸不是「蔣匪」就是「共匪」；從交戰團體
的觀點來看，1949 年起的內戰狀態還沒有結束。雙方在這個
交戰過程（雖然已長達半個世紀以上）中，對外宣稱自己才是
中國，也代表中國。

基本上，「內戰理論」與「完全同一性理論」對於主權「同
一」的主張是相同的，只是兩者所處的現實狀況不同，「完全
同一性理論」並不需要以雙方仍處於「內戰狀態」為前提，即
使分裂雙方均已制定新憲法，結束了國際法上所認定的「內戰

狀態」，但是其中一方還是可以用「完全同一性理論」去面對
另一方，視對方為「假」的政權，或尋求獨立的政權，因此不
放棄武力成為為追求統一的選擇。

第二種：兩岸均為完整的國際法人彼此是外國

　　兩岸均為完整的國際法人，表示雙方已是外國關係，即使
彼此有民族、文化、血緣上的特殊關係，例如美國與英國、德
國與奧地利、捷克與斯洛伐克，但是兩方均已具完整的國際法
人格。這樣的主張可以「分解理論」（dismemberment theory）
與「分割理論」（secession theory）來說明。

（一）分解理論

　　「分解理論」指一國家因戰爭、國際條約或各方協定，分
解為兩個或多個主權國家，原有國家的國際人格消失。這種情
形類似第一次世界大戰後奧匈帝國消失，分解為奧地利、匈牙
利與捷克等主權完全獨立的國家。假設用在中國問題上，指
1949 年前的中國，在 1949 年 10 月已分解為兩個各具完整國
際法地位之國家，即「中華民國」與「中華人民共和國」。1949
年之前的中國已因分解而消失。

（二）分割理論

　　「分割理論」與「縮小理論」的情形類似，但是解釋不同。

「分割理論」是指國家領土某一部分被分離的區域，後來取得國際法主體的地位，且不影響到被分離國家的法律地位；而原來的國家在行使其主權時，將被限制在新有的疆只中。這種情形與 1839 年比利時從荷蘭王國分割而出，1971 年東巴基斯坦從巴基斯坦分割成立孟加拉國的情形一樣。

「分割理論」假設用在中國問題上指中華民國與 1949 年前的中國為同一，中華人民共和國為從中國或中華民國分割而出的新生國家；中華人民共和國之分割並不影響原有國（中華民國）的法律地位，不過原有國（中華民國）在行使其主權時，將被限制在其所統治的僅有疆只（台澎金馬）中。也就是說，中華民國與中華人民共和國都是「主權獨立」的國家，兩者各在其領域內享有完整的主權與治權。

在國際法案例上，分解或分割得以順利成立的基本條件有二：一為受國際條約所造成，二為經當事國自由意志的同意。後者尤為必要的條件。如果這兩個條件無法達成，那麼結果就是內戰，冷戰後的南斯拉夫就是一個引發戰爭的例子，捷克斯洛伐克經由協商和平分割為另外一個例子。

(三)分解理論＝一中一台；分割理論＝兩個中國

在兩岸與中國的關係上，北京堅決反對「分解」或「分割」的論述，但是台灣方面對這兩種論述都有支持者。

「分解理論」將兩岸關係定位為「一中一台」。持「分解理論」者認為，1949 年之前的中國（中華民國）在 1949 年已經結束了，分解為兩個不同的國家。他們接受與承認中華人民

共和國是一個主權獨立的國家,也接受北京所主張的「一個中國」,因爲他們認爲「一個中國」就是中華人民共和國,與台灣無關。他們認爲台灣已經是另一個與中國大陸沒有任何法律關係的國家,有自己的領土、人民、政府與其他政府交往的能力,完全符合國際法上國家應有的客觀條件。

在認爲台灣是一個「主權獨立」的國家方面,又發展出兩種不同論述。第一種認爲,因爲國民黨是一個戰敗來台灣的「外來政權」,這個「外來政權」依附的中華民國根本沒有正當性,只有宣佈成立「台灣共和國」,台灣才能算是一個真正的「主權國家」,我們可以稱其爲「激進的台獨主張者」,在政治光譜就可以屬於「深綠者」。第二種是在基於現實政治(包括有利台灣內部有效統治與避免形成「事實台獨」而引發戰爭)的基礎上思考,認爲可以接受中華民國政權的若干正當性,而不需要完全否定,因此主張,「台灣是一個主權獨立的國家,現在的國號爲中華民國」;「台灣已經是一個主權獨立的國家,不需要再宣佈獨立」。我們可以稱其爲「務實的台獨主張者」,在政治光譜就可以屬於「淺綠者」。

「分割理論」將兩岸定位爲「兩個中國」。持「分割理論」者認爲,中華人民共和國自 1949 年起自中華民國的領土中分割出去成立另外一個政權。中華民國與中華人民共和國都是兩個主權獨立國家。前者是 1912 年創立,後者 1949 年建國。

對於中華民國這個中國,又有兩種不同定位:一種是傾向於「國家核心理論」(縮小理論)的主張者,即中華民國就是 1912 年成立的中華民國,在法理上沒任何改變。另一種是認爲在國會全面改選與幾次「總統」直選後,中華民國已經不完全是 1912 年的中華民國,形體雖在,但是魂魄已全然不同。

　　無論是「一中一台」或「兩個中國」，都沒有再統一的約束。他們同意可以「統一」，但這不是基於憲法約束，而是人民自決，因此他們也認為人民有「獨立」的權利，「民主」是決定是否統一的唯一標準。換言之，「分解理論」與「分割理論」對於統一可以接受的前提是「先獨後統」，而且「統一不是唯一選擇」。

　　談到這裡，或許各位讀者已經感到混亂，心裡在想，怎麼這麼複雜。我也沒有辦法，政治就是如此，「論述」往往是為了「政治目的」而服務，「理論」也經常是政權的工具。北京目前的政治權力遠大於台北，因此，自然會以「同一性理論」來處理定位，但是台灣在定位問題上卻是基於環境或領導人的認知而改變。

中華民國自我定位立場的轉變

　　為了顧及到政權的正當性，1949 年到台灣來以後，台北政府一方面在法律上堅持以「內戰理論」與「完全同一性理論」只定與北京與中國的關係，視中共為「共匪」，堅信「光復大陸」；對內拒絕國會全面改選以延續法統的正當性，對外以聯合國席位確保做為中國合法代表的象徵。

　　1971 年中華民國退出聯合國，國際上已經不承認中華民國的「同一性理論」時，台北方面仍不願放棄「一個中國」原則。其理由在於，如果國民黨放棄一個中國，內部必須立刻全面改選，重新制憲，將失去既有政權的正當性。1987 年蔣經

國開放人民赴大陸探親，有必要調整對中國大陸的定位，1987年廢除動員戡亂條款，不再將中共視爲叛亂團體，等於台灣單方面認爲內戰結束；在定位上，等於已從「完全同一理論」轉向爲「國家核心理論」。

1988 年李登輝繼任，發展出兩條論述路線，一爲直接、一爲間接；前者爲明、後者爲暗。在明的方面，李登輝爲了鞏固權力，與非主流取得妥協，制訂國統綱領，發表「一個中國的意涵」，重申「一個中國就是中華民國」；但也承認中共在大陸的治權，成立國統會，宣示不改變統一路線，延續蔣經國對於兩岸與中國關係的定位，明確放棄「同一性理論」中的「完全同一性理論」，改持「同一性理論」中的「國家核心理論」。但是在暗的方面，先是從 1993 年起積極推動進入聯合國，1994年 4 月李登輝接受日本作家司馬遼太郎專訪表達其潛藏的台獨傾向。同年陸委會公佈的《臺海兩岸關係說明書》中，放棄了「一個中國就是中華民國」的「國家核心理論」，而認爲中國只是個「歷史、文化、地理、血緣」上的概念。李登輝再經由多次修憲，促使「總統」直選。隨著 1996 年「總統」的直選，台灣已從「民主」的角度爲「分割理論」建立基礎。「兩國論」從此從政治學的理論中找到了立論基礎。

李登輝雖然在法律上沒有放棄統一，他對外也稱，他主張過一百多次的統一，但是，他的統一是「先獨後統」的統一、「統一是選項之一」的統一、與「人民自決」下的統一，其實已經與「同一性理論」的憲法統一約束完全不同。1999 年李登輝提出了兩岸爲「特殊國與國」關係的主張，在他來看，所謂「特殊」是指兩岸有歷史、文化、地理、血緣上的關係，因此稱之爲「特殊國與國」；但是由於他已經放棄了「一個中國

就是中華民國」這個「同一性理論」論述，李登輝所謂的「特殊的」在法律上沒有任何意義。因此，李登輝的「特殊國與國」，在法律意涵上，就是一般的「國與國」的關係，屬於一種國際法上的外國關係。李登輝至此已經完全走向「分割理論」。

離開權位，李登輝擁抱主張台灣應該獨立建國的深綠台聯，往「分解理論」靠攏。接替李登輝的陳水扁，在 2002 年提出「一邊一國」，算是徹底地揮別「分割理論」，主張兩岸關係是「一中一台」。在他任內最後一年，2007 年，他以「總統」的身分對自己宣示效忠的對象，用輕蔑的口氣說，中華民國是個甚麼「碗糕」？他從此徹頭徹尾地走向激進的「分解理論」。

政治立場如此，憲法又是如何呢？即使李登輝與陳水扁都是「一中一台」的支持者，但是中華民國憲法，仍是以「同一性理論」處理與中國的關係。李登輝在其任內推動一系列的修憲工程，但是卻不敢碰觸最核心的主權歸屬問題。陳水扁在其任內決定挑戰這個禁忌，但是不敢用明的直接手法，而是用暗的間接策略。2005 年台灣舉行任務型國代選舉，如果通過，將廢除國民大會，即未來的任何修憲不再經由國民大會，而是由人民直接公投決定。換言之，通過後如果有再一次的修憲，不論內容為何，均係由台灣全民直接決定，與經由代表全中國的國大代表投票在憲法意義上完全不同，因此「修憲」也可以將其做政治性解釋為「制憲」。用一句簡單的話說，如果 2005 年的修憲通過，「法理台獨」或「法理獨台」即將入憲。為了不讓「法理台獨」或「法理獨台」入憲，一些關心兩岸前途的朋友共組「張亞中等 150 人聯盟」參與任務型國代選舉，以圖

力挽狂瀾；但是在民進黨與國民黨聯手主張修憲的強大勢力下，最後只得功敗垂成，並使我們欠下千餘萬元的龐大債務，迄今還在努力還債。

2005 年修憲通過，廢除國民大會以後，台灣在國家定位上已經正式地向「分割理論」或「分解理論」滑動。如果再一次全民修（制）憲公投，在法理上台灣就完全走向「一中一台」或「兩個中國」。這也是爲甚麼筆者長期主張，即使台灣未來要修憲，必須在兩岸和平協定簽署後，方宜進行，否則會使兩岸關係平添不穩定的變數。

馬英九於 2008 年執政以後，在國家定位上，腳步有些零亂。在現實的政治操作上，雖然對外宣稱「不獨」（堅守國家核心理論），但是也表明「不統」（離開國家核心理論）。雖然不走民進黨的「台獨路線」，卻繼續延續李登輝與陳水扁的「台灣主體論述路線」，讓「分解理論」與「分割理論」仍有機會成爲可能；但是另一方面卻是在法律層面重新回到「國家核心理論」的論述，引用憲法，發表兩岸爲地區與地區關係（即兩岸爲中華民國憲法架構內的兩個地區：台灣地區與大陸地區）的「兩區論」（即台澎金馬爲中華民國的核心地區，大陸地區爲非核心地區）。

在面對中國大陸時，馬英九又接收「分割理論」中的部分精神，主張「一中各表、擱置爭議」；換言之，在承認北京政府在中國大陸享有治權以外，也不否認北京政府擁有在中國大陸的主權。對於未來，馬英九認爲台灣的前途由台灣地區 2300 萬人共同決定，也就是說，馬英九接受「人民自決」，而不是「憲法約束」，並不認爲統一是唯一的選項。當選以來，馬英九及其團隊，不再提國統綱領或國統會，從這個角度來看，馬

英九已偏離了「同一性理論」，不再視統一爲憲法約束的唯一
選項。

　　整體來說，馬英九與當政時的李登輝都是在「同一性理論」
中的「國家核心理論」與「分割理論」中搖擺，差別在於馬英
九在法律上堅持前者，但是在政治實務面傾向後者。李登輝本
質上是個「分割理論」或「分解理論」的信仰者，但是爲了政
治目的，用「國家核心理論」做僞裝。至於陳水扁，連僞裝都
免了，是個從「分割理論」走向「分解理論」的台獨擁護者。

　　台北對於自己在與中國關係定位上的混亂，顯示這個問題
沒真正被思考與執行過，往往受到外在、內部、或領導人政治
權謀所影響。中共一方面堅持與中國爲完全同一，又不得否認
中華民國在台灣治理五十餘年的事實。平實而論，無論是「同
一性理論」或是「分解理論」或「分割理論」，多是一種主觀
性的認定，與兩岸的現實狀況仍有出入。這並不是說，主觀的
認定不重要，而應該說，兩岸如果能夠在客觀的事實基礎上，
再做主觀意願的表述，才能爲兩岸關係的定位找到合理的論
述。我們現在就談談，兩岸定位的第三種表述。

第三種：兩岸都不等於中國而是中國的
　　　　一部分

　　這一種的論述，西德的法律學者將其稱之爲「部分秩序理
論」（partial order theory），又稱之爲「屋頂理論」（roof
theory）。放在兩岸關係來思考，由於兩岸的憲法還是一中憲

法，也沒有一方正式宣佈獨立或放棄統一，因此 1949 年分裂
前的中國在法理上仍然存在，沒有消失，它的行為能力暫時分
別交由兩岸政府行使。兩岸處於「分裂中」，而不是「已經分
裂」的狀態。兩岸相對第三方可以是一個完整的政治秩序主
體，但是由於雙方都是整個中國的部分，因此兩岸在整個中國
事務，即與中國的關係上，都只是個部分秩序主體。雙方的關
係，不是國際法的關係，也不是各方的內政關係，而是整個中
國的內部關係。

就政治學的基本知識來看，君主時代國家的主權
（sovereignty）屬於君王，當代共和民主國家主權屬於人民，
政府只是代理人民行使主權的權力（sovereignty power）。由
於中國仍處於分裂中的狀態，因此，整個中國的主權屬於兩岸
全體人民，兩岸政府只是在其領域內代表人民行使主權的權
力。

從真實的歷史來看，「部分秩序理論」其實最符合兩岸
60 年發展的現狀。兩岸從 1949 年起分治迄今，雙方從來沒有
治理過對方，兩岸亦均在國際間以完整的國際法人出現，並與
其他國家建立外交關係。雙方雖然對憲法修改了好幾次，但是
卻沒有讓會使中國完成分裂的條文出現。台灣方面雖然不少政
治領導人高喊「一邊一國」或「台灣獨立」，但是並沒有形成
憲法文字。當然，如果有一方修改憲法中的核心部分，或制定
新憲法，「部分秩序理論」就失去其基礎了。

不過，雖然「部分秩序理論」符合現狀，但是由於 60 年
來，兩岸始終陷於政治或主權立場之爭，該理論從來就沒有被
雙方接受。可是在兩岸事務的互動上，已經務實地採行「部分
秩序理論」。在兩岸交流中，已經尊重對方在領域內的治權。

即使是中共在 2005 年通過的《反分裂國家法》,這個「國家」指的也應該是廣義的中國,而不是狹義的中華人民共和國。即反對台灣從整個中國的領土中分割,而不是從中華人民共和國的領土中分割(如果是的話,現在已經可以打了)。《反分裂國家法》可以說是「同一性理論」與「部分秩序理論」的綜合體,前者對憲法與國際交待、後者對台灣喊話;前者是北京對於兩岸定位的主觀認定,即中華人民共和國與中國為同一;後者是尊重客觀的事實,即兩岸合起來才是真正的中國。

胡錦濤先生在《告台灣同胞書》30 週年講話中所提出的「胡六點」中說:「兩岸復歸統一,不是主權和領土再造,而是結束政治對立」,可以說是與「部分秩序理論」的精神相互輝映。所謂「復歸統一」自然是回到 1949 年中國分裂前的狀態,是由兩岸所共同再組合的統一。「不是主權和領土再造,而是結束政治對立」指的是不是誰吃掉誰,而是結束政治對立,共同締造再統一,也就是由兩岸共同走回中國。

國際組織的觀點:多談「誰代表中國」少談「誰是中國」

由於兩岸分治為一個政治現實,國際社會並沒有處理兩岸「誰是中國」,而只處理「誰代表中國」。至於「誰代表中國」的主張,又受到每個國家國家利益的左右。1951 年的對日金山和約,由於強權之間利益擺不平,即使中華民族曾為此八年浴血抗戰,死傷千萬,兩岸政府均未獲邀參加,表示強權認為

「誰都不能代表中國」，以後的對日和約也是兩岸分別與日本
簽署。聯合國在 1971 年以前，承認中華民國是代表中國的唯
一合法代表。1971 年聯合國第 2758 號決議案「承認中華人民
共和國政府的代表是中國在聯合國的唯一合法代表」。請留
意，這裡用的是「代表」，而不是說「中華人民共和國就是中
國」。美國的認知在 1971-1978 年間與聯合國不同，仍然與中
華民國維持外交關係，但是也沒有說，中華民國就是中國。

　　至於北京在與其他國家在建交公報中宣稱「台灣是中國
（或中華人民共和國）領土不可分割的一部分」，其他國家的
回應，有的用「承認」（recognize），有的用「注意到」（take
note of，例如：加拿大、義大利、智利、比利時、秘魯、黎巴
嫩、冰島、馬爾他、阿根廷、希臘、巴西、厄瓜多爾、哥倫比
亞、象牙海岸等國）、「注意到」（pay attention to，例如：
聖馬利諾）、「認為」（hold，例如：獅子山共和國）、「充
分理解與尊重」（fully understand and respect，例如：日本、
菲律賓）、「認識到」（acknowledge，例如：紐西蘭、西班
牙、泰國、斐濟、塞席爾、約旦等國）、「支持」（support，
例如：白俄羅斯）、「尊重」（respect，例如南韓）等等不一。

　　從這些以上的例子來看，在法律上，外國對於兩岸的國際
法地位做出了選擇，接受北京為整個中國的正統代表，但是對
於台灣與「中華人民共和國」的政治從屬關係則語帶保留，這
些國家在與台北的建交公報或類似政治宣言中，也有類似文
字。這些用語中，大多數是政治意涵多於法律意涵。美國就是
一個典型例子，它一方面自 1979 年起與北京建立外交關係，
但是另一方面卻以國內的《台灣關係法》界定與台灣的關係，
把在中央政府在台北的中華民國當成是一個等同於國家的政

治實體。從政治面來，美國只是承認北京政府是全中國的「合法」政府，但沒有說「中華人民共和國就是中國」。換言之，對於全球大多數國家，基本上是從政治意涵的「代表」角度來看兩岸與中國的關係，在實際交往上，大多以「部分秩序理論」的政治面向來處理兩岸與中國的關係。因此，如果要處理兩岸的定位關係，還是必須靠兩岸自己達成協議。

他山之石：東西德如何處理與德國的關係

談這麼多，我們可以從東西德的例子來看看，他們如何處理彼此定位的問題，從中我們可以得到甚麼樣的啓發？有很多學者認爲，本人對德國問題有研究，一定是個德國模式的倡議者，其實不然，如何從德國問題中找到經驗，有的可以參考，有的不符兩岸情況，避免「拿來主義」，如何找到他山之石的經驗，才有研究的價值，也才是個負責的研究者。

在四強佔領德國四年後，1949 年東西德分別立憲建國。1955 年西德加入北約，在那一年以前，東西德均是由「同一性理論」來處理東西德與德國（即分裂前的德國）的定位關係；東德而且是主張「完全同一性理論」，認爲主權與治權均涵蓋西德，視西德爲資本主義的非法政府。西德則是以「國家核心理論」來定位它與德國的關係，在基本法第 23 條中，明定西德的有效治理範圍包括當時的 12 個邦（這 12 個邦是核心），但是也保留了「德國其他部分加入聯邦時，應適用之」。這表示，將來東德各邦（非核心的邦）可以依據基本法加入西德。

西德另一個堅守「國家核心理論」的措施在於仍舊使用以前德
意志帝國時期，1913 年的國籍法；西德基本法第 116 條表示
堅持只有一個統一德意志國籍的立場，並未藉基本法創造出西
德國民的國籍。

在西德加入北約後，東德又加入了華沙公約組織，東德也
開始轉變其立場。在蘇聯的支持下，東德改採「分解理論」來
處理定位問題，視分裂前的整個德國已經滅亡，東西德為兩個
新生的獨立國家，彼此沒有任何再統一的法律約束。

1969 年西德的布朗德政府上台，希望與東德發展正常化
關係，但是東德開出的條件是要對東德做國際法性質的國家承
認，西德以違反基本法「再統一命令」為由表示不同意。最後
在蘇聯壓力下，東德讓了一步，西德也基於現實讓了一步。

雙方的讓步是西德對東德做國家承認，但是不做國際法上
的國家承認。簡單地說，「西德承認東德為國家，但不是外國」。
為何承認東德是國家又不是外國，這是因為西德認為「整個德
國仍然存在，只是暫時沒有行為能力」。由於整個德國還在，
所以東德不是外國。東西德之間因此是「特殊關係」。

1972 年東西德《基礎條約》（Basic Agreement）就是在
西德以「國家核心理論」、東德以「分解理論」為基礎下簽署，
因此，這是一份「同意歧見」（agree to disagree）的條約。對
於西德而言，基礎條約是個「臨時協定」，因為德國統一問題
還沒有解決；但是對於東德而言，基礎條約是個「永久條約」，
因為已經沒有統一的問題，原有的德國早已分解為東西德兩個
不同的國家，而變得不存在了。對西德而言，基礎條約並沒有
阻礙西德繼續追求統一；但是對東德而言，《基礎條約》是個
不統一的條約。

　　西德所以會同意簽署條約，是有其政治考慮。由於德意志
民族長期分裂，一直到 1871 年才完成統一，在 1945 年又開始
分裂，漫長的歷史中只有短短的 74 年統一。布朗德認為，如
果東西德再長久不接觸，德意志人民之間的認同將會徹底斷
裂，因此希望經由基礎條約的簽署，與東德關係正常化「以交
往促使改變」。但是，西德在核心問題上不讓步，即不對東德
做國際法的承認。西德政府的另一個法寶，就是在基本法層次
（即憲法層次）仍然堅持「同一性理論」，視西德與德國為同
一，並絕不放棄統一。東德人民（也是德國人）只要願意，到
了西德立刻可以領西德的身分證，因為西德就等於德國。

　　兩德基礎條約簽署以後，東西德分別加入聯合國。到了
1980、1990 年代，幾乎沒有人相信德國還會統一，包括西德
人自己也只剩下不到百分之十。如果沒有冷戰的突然結束，兩
德的永久分裂幾乎確定。但是歷史弔詭的是，當大家都絕望
時，冷戰突然結束，柯爾總理的快刀斬亂麻，促成了德國的統
一。柯爾所以能夠速戰速決，引用的就是具有「同一性理論」
精神的基本法第 23 條，東德各邦就是依據這一條「加入」了
西德，完成了德國的統一。「同一性理論」最終發揮了它的功
能。

　　總結而言，西德在憲法層次堅持「同一性理論」（屬主觀
的認定），但是在與東德關係上採用「部分秩序理論」（屬客
觀的事實）。西德在政治上妥協，但是憲法上絕不讓步。東德
在憲法與對西德關係上都是採取「分解理論」。基礎條約可以
視為東西德在雙方定位上的法律大鬥法。歷史另一個可能的發
展，如果當時東西德沒有統一，東德極有可能會在冷戰後歐盟

的東擴中，與其他十個東歐國家一起加入歐盟，那麼德國的統一就真的是遙遙無期了。果真如此，當時簽署條約的西德總理布朗德也有可能成爲放棄統一的「歷史罪人」。對支持德國統一的人，可能會高呼「好險呀！」

〈芻議〉一文的再釐清：比較與東西德基礎條約的不同

　　德國模式絕不是一如坊間想像的如此簡單，嚴格的說，要討論的是「西德模式」還是「東德模式」？討論的是那個時間點的「德國模式」。本人所擬《兩岸和平發展基礎協定》與東西德的基礎條約有根本性的不同，從比較中或許可以釐清筆者在〈芻議〉一文中的若干論點。比較如下：

(一)基本精神與原則不同

　　西德所以能夠主張「同一性理論」，是因爲它認爲德國沒滅亡；東德所以主張「分解理論」，是因爲它認爲德國已經滅亡。那麼到底德國有沒有滅亡，任何主張總要講道理吧。西德認爲四強只是佔領德國，而不是併吞德國，四強在戰爭末期還立約要與戰敗後的德國簽署和平條約；如果德國已經滅亡，還簽甚麼和平條約？東德則是直接說，德國如果沒有滅亡，德國在哪裡？東西德經由 1949 年的分別制憲，成爲兩個完全不同的國家。由於看法不同，因此在基礎條約中以「同意對方歧見」（agree to disagree），做爲立約的精神。西德認爲，經由該條

約，西德堅持其沒有放棄統一的立場，但是東德卻將該條約做爲兩德在法律上已經是兩個獨立國家的法律文件。

西德將「德國沒有滅亡，仍是一個法人，只是沒有行爲能力，能力由東西德雙方暫時執行」的理由歸因於四強的約定。但是兩岸分裂是內戰所造成，非國家戰敗外國佔領所致，那麼我們如何認爲「中國仍處於分裂狀態，沒有滅亡，仍是一個法人，只是沒有行爲能力，能力由兩岸政府暫時執行」呢？

兩岸有一個德國沒有的特點，就是兩岸政府目前所施行的憲法都是「一中憲法」。在憲政意義上，中國仍然沒有完成分解，但是如果其中有一方政府制憲，或更改其核心條款，那麼「中國」這個「屋頂」就塌陷消失了。因此，在所擬《兩岸和平發展基礎協定》中開宗明義就寫明「兩岸同屬整個中國，彼此均無意從整個中國分離，並承諾不分裂整個中國、共同維護整個中國之領土主權完整」。這段文字，等於再次由雙方政府的意願確定中國這個屋頂是實的，而非虛的。有了這個約定在，以後台灣內部再進行修憲，即使是經由公投修憲，也不會發生整個中國在法理上的塌陷。

另外，在現實的政治上，中共也不可能對未來的兩岸和平協議持「agree to disagree」，也就是台灣方面所期望的「擱置爭議」的立場。中共或許可以接受在兩岸事務協商上以「九二共識」或「一中各表」處理，但是在和平協議上，應該會堅持「一個中國」；胡錦濤先生在 2008 年底講話中所提出的「胡六點」，再次表明「恪守一個中國」是和平框架的基礎。換言之，「一個中國」是「和平協議」所有討論的基礎。「一中各表」式的「擱置爭議」很難出現在一份具有綱領性地位的文件

中。

本人所撰寫的《兩岸和平發展基礎協定》基本上是以「agree to agree」爲原則，是將中國大陸所主張的「一中不表」、台灣方面所希望的「一中各表」，更進一步到「一中同表」，即共同表述「一個中國」。在這一點上，與東西德的基礎條約有著根本的不同。至於「一中」如何「同表」？本人提出了「整個中國」的觀點。「整個中國」與「一個中國」的異同及其意義，本人在〈芻議〉一文中已有說明，此處不再多說。

(二)有無目標的不同

東西德基礎條約只是在「詮釋現狀」、「尊重現狀」，而沒有「目標」的約束。在東西德基礎條約中，序言部分提到「意識到疆界之不可侵犯以及尊重全體歐洲國家現存疆界之領土完整及主權，是和平之基礎條件」、「認識到兩個德意志國家在其關係中，……基於歷史之事實，及不傷害德意志聯邦共和國與德意志民主共和國，即使在基本問題上，包括民族問題，有不同之見解……」；「基於兩個德意志國家人民之利益，爲創設德意志聯邦共和國與德意志民主共和國間合作條件之願望」而達成協議。這些序言的宣示，說明了兩德關係就是國際法上的兩國關係。至於本文部分，並沒有相互保證不永久分裂整個德國的共識。換言之，兩德基礎條約只是反應現狀、承認現狀、詮釋現狀，而沒有提出未來兩德應該有的共同願景。

本人所提出的《兩岸和平發展基礎協定》，在序言部分特別將「意識到兩岸同屬整個中國」做爲簽署和平發展基礎協定的第一個先決條件，另更在本文第一條陳述「兩岸同屬《整個中國》，彼此均無意從整個中國分離，並承諾不分裂整個中國、

共同維護整個中國之領土主權完整」，表達出彼此的相互承諾。

「不分裂整個中國」是「部分秩序理論」所衍生出來的原則，它避免了在「誰才是中國」的前提下討論兩岸關係，而雙方可以在「我們都是中國」的立場下進行協商。在「不分裂中國」的立場下互稱「北京中國」與「台北中國」並不會造成中國的分裂，更不等於一般意義的「兩個中國」。「不分裂整個中國」因此可以看成是「和平協議」基本原則，也可以看成是對「和平協議」應有內容的約束。這是本人所擬《兩岸和平發展基礎協定》與兩德基礎條約的第二個不同點。

（三）對於現狀描繪方式的不同

未來的兩岸和平協議固然應該有其原則，但是也需要在尊重現實的基礎之上簽署。除非兵臨城下，或某特殊狀況，一般情形下，台灣方面不太容易簽署一份會造成兩岸不平等結果的協定。一份本質上不平等的和平協議，也不太容易為台灣民主社會所接受。因此，筆者在所擬的協定中特別提出「兩岸在平等之基礎上，發展彼此間正常之關係」的觀點。請留意，筆者所著重的不僅是「平等協商」，也包括「平等結果」。可是筆者所說的「平等」是在「部分秩序理論」下的平等，而不是在分割或分解理論下的平等；如果做一類似，說的是兄弟之間的平等，而不是外人之間的平等，兩者的差別很大。

經由東西德基礎條約，兩德也發展出了正常化的關係，但是雙方對於正常化的解釋不同。西德認為，即使有這份條約，西德仍然沒有放棄其統一目標。但是從條約中的文字可以看出，用的都是一般具有國際法意義的文字，例如「尊重全體歐

洲國家（註：即包括東西德）現存疆只之領土完整及主權」；
「德意志聯邦共和國與德意志民主共和國決遵循聯合國憲章
所載之目標與原則，尤其是所有國家主權平等、尊重獨立、自
主及領土完整、自決權、保障人權及不歧視」。以上這些「遵
循聯合國憲章」、「主權」、「獨立」、「領土完整」、「自
決權」等文字，都彰顯了東西德已經是兩個完全相互獨立，而
且沒有任何法律關係的國家。

在本人所擬的協定中，以反映現實狀況為基礎的「部分秩
序理論」為基礎，將兩岸視為「整個中國」的兩個憲政秩序主
體，兩岸均為「整個中國」的部分，因此，就「整個中國」而
言，兩岸均為「部分秩序主體」（因為，如果一方是完整主體，
那麼兩岸其實就已經是分離或分割了，剩下的問題是完整主體
的一方如何併吞另一方）。兩岸雖然有實力上的「不對稱」，
可是在法律上卻是「平等」。在兩岸關係的性質上，我們當然
不能把兩岸看成是「國際法」上的「外國關係」，也不能看成
是兩岸各自領域內的「內政關係」。兩岸關係合理的定位是「整
個中國的內部關係」；用更精確的學術術語，可以將兩岸稱之
為「整個中國內部的兩個憲政秩序主體」。輕鬆的說，兩岸不
是外人關係、也不是父子關係，而是兄弟關係。

在這樣的精神與認知下，為了迴避文字用法可能引發的不
正確解讀，或者導致可能走向「分解理論」或「分割理論」的
「一中一台」或「兩個中國」，本人在所擬的協定中，特別以
「最高權力」來取代「主權」，用「憲政秩序」、「權威」來
取代「獨立」。

結語：兩岸可以「同一性理論」與「部分秩序理論」並用

　　可能讀者會問，是否採行了「部分秩序理論」就必須放棄「同一性理論」？是否同意「兩岸平等」就代表違憲或是必須修改「一中憲法」，我的看法是不必，也不需要，保留「一中憲法」更好。西德即是以將兩者並用，在憲法層次堅持「同一性理論」，屬主觀的認定，認爲西德就是德國；但是在與東德關係上採用「部分秩序理論」，屬對客觀事實的尊重。西德在政治上妥協，但是憲法上絕不讓步。兩岸其實可以參照西德的經驗（不是東德的做法），可以將兩者並用。在筆者所撰《兩岸和平發展基礎協定》草案中已經迴避了類似東德的主張，並已有「同一性理論」的精神。

　　「同一性理論」做爲一方政府對於自己意願的宣示與接受憲法的約束，以自己是中國的方式來強調保證不分裂整個中國。北京與台北方面可以繼續宣稱其主權涵蓋全中國，以表明其追求統一的強烈意願。如果雙方如此，就產生了「主權共有」、「主權共享」結果。接下的工作，就是如何推動主權共有、主權共享的工作。《兩岸和平發展基礎協定》第六條「兩岸決定在雙方同意之領域成立共同體，以促進彼此合作關係」，就是準備處理這個期望。

　　已經寫了很多了，至於大陸學者所質疑的「兩岸平等」，或台灣學者擔心的「平等不對稱」等概念，以及兩岸統合是否

爲兩岸現階段最好的方案，它的具體內涵，未來可以充實的內
容爲何，請容許我下次再論。2009 年二月初，元宵節那天，
我與一些關心兩岸前途的朋友，成立兩岸統合學會籌備處，我
們下一階段的努力也正在此。

【本文原刊載於《中國評論》月刊 2009 年 3 月號，總第 135 期】

論兩岸統合的路徑

前言：為歷史做一點事

　　2009 年初春，在台北，兩岸統合學會的成立，代表著在兩岸與華人社群中豎立了一面邁向統合的鮮明旗幟。

　　飛揚的旗幟傳達出兩個重要使命。第一，如何建構兩岸人民對於整個中國的認同，讓未來兩岸和平框架不只是個框架，而是一個血有肉的實體；讓未來的兩岸合作不只是個追求物質利益，而是一個有助於強化兩岸人民彼此認同的

兩岸統合學會

一條最理想的路徑。第二，如何讓散居於全球的華人社會能夠更便捷與緊密地統合在一起，共同為人類的和平與繁榮盡一民族之力。

　　從學會的中外文名稱可以看到以上的兩個使命，中文名稱是「兩岸統合學會」，著重的是兩岸的統合，外文名稱是 Chinese Integration Association，著重的是全球華人的統合。所以稱之為學會，表示這是一群知識分子的共同心願，我們願意在思想上提供拙見，帶頭揮舞著旗幟，但是更希望認同此一目標者能共同參與，或在其自己的崗位上共同努力。

　　學會的圖案是一個「動態的太極圖」，它是從最具中國傳統文化象徵的太極圖所延伸而來，突顯兩岸之間的「分中有合、合中有分」，華人世界中的「你中有我，我中有你」。太極講究的是陰陽調和，上下內外渾融一體，正如同兩岸統合與

全球華人統合從內在認同做起，由民間推動，當統合的太極開始轉動時，兩岸與全球華人將融為一體。

為甚麼認同很重要？

我們可從法律的角度為國家找到組成因素，包括人口、領土、政府、與其他政府交往的能力；也可以從人類學的角度，以語言、文化、宗教、風俗習慣來為民族作只定。而有一點非常重要，但是卻常被法律及人類學者所忽略的，就是「認同」。如果同一個國家，或同一個民族間的「認同」已經斷裂，或者已經消失，那麼，國家將不再是個「命運共同體」，民族也不再是一個「生命共同體」，它們將只是一盤沒有共同目標的散沙而已。

兩岸人民毫無疑問的都是炎黃子孫的一分子，原本也共同承載著中華民族的歷史記憶，對於「中國人」有著共同的民族認同。而 1949 年以後，則由於兩岸分治，兩岸人民各自擁有自己的憲政秩序，分別建構了自己的「國家」認同。

從人類發展的歷史看，「認同」是可以被政治人物建構的。「認同」作為區別「我群」與「他群」的判定，從正面來看，「認同」可以凝聚人民共識，風雨同舟、共度艱難；從負面來看，「我群」與「他群」的「分別心」，也很容易將仇恨插入人民的生活，使得民族或國家內部、民族或國家之間發生悲劇性的災難。

有理想、負責任的政治菁英應該是要建構或鞏固自己民族

與國家間的認同，在不同民族與國家間建立重疊認同。以歐洲為例，從 17、18 世紀起歐洲的菁英就在思考，如何為整個歐洲人建構共同的認同，但是少數歐洲菁英的努力仍舊無法抵抗各國領導階層對於權力與利益的貪婪。兩次歐洲大戰所帶來的生靈塗炭，才使得歐洲人開始真正的思考，如何建構歐洲人民對於同屬歐洲的認同，用以化解彼此間的「分別心」。1950年代起，歐洲菁英用歐洲共同體的方式創造了主權與治權「分中有合、合中有分」的歐洲。迄今幾乎沒有人會認為在同屬歐盟成員的土地上還有發生戰爭的可能。在歐盟內部，人員、貨品、勞務、資金已可以自由流通，絕大多數政策領域也受到歐盟內部超國家組織的規範，而絕大多數的歐盟成員國間使用的是同樣的貨幣，從某些角度來看，歐盟雖然仍不是個國家，但是已經很像一個國家。

歐洲人是政治聯合體的發明者，17 世紀他們發明了「民族國家」，二戰結束後又發明了一種新的政治聯合體「歐洲共同體」，後者是為了解決前者引發的災難。歐洲共同體這種新政治聯合體的精神正是「分中有合、合中有分」，我們暫不論歐洲統合的其他成果，也暫不談兩岸與歐洲情形有何不同，這種在「分」的現實基礎上追求「合」的共識與可能，的確足供兩岸借鏡。

很可惜，當新的思維已經產生時，兩岸走的還是 19 與 20 世紀的老路，仍舊停留在主權與領土之爭。冷戰以前，台灣與大陸爭誰是正統；冷戰以後，台灣不僅放棄正統之爭，也沒有在「合」的方向繼續努力，反而從 1993 年起開始往「分」的道路上快速奔跑。

兩岸在 1993 年以前，認同自己是中國人的遠遠超過台灣

人,以當時官方陸委會的統計資料來看,台灣民眾認同自己是中國人的有 48.5%,認同自己是台灣人的爲 16.7%,既是中國人也是台灣人爲 32.7%,總合來說,認同自己是中國人的高達81.2%,台灣人的爲 49.4%。

1993 年起兩岸認同開始折裂

兩岸在認同方面的折裂,大致從 1993 年李登輝推動加入聯合國開始。李登輝的策略很清楚:只要推動進入聯合國,北京一定會打壓,只要北京一打壓,北京就會被形塑成一個打壓台灣的「他者」。李登輝借用北京打壓台灣,轉而打擊當時支持「一個中國」的國民黨非主流派,同時也藉強化台灣與中國大陸的敵意關係,來鞏固其權力基礎。而其後果就是兩岸認同開始折裂。「台灣意識」這個原本屬於鄉土認同範疇的用語開始與「台灣主體性」連在一起,共同成爲兩岸「敵我、他者」論述的工具。

隨著李登輝在其任內的政治操作,1994 年開始,認同自己是中國人與台灣人的比例便發生剪刀型的轉折,而且迄今再也沒有逆轉過。1996 年中共的飛彈試射、1999 年李登輝主張「特殊國與國」的「兩國論」,都使得兩岸認同分歧擴大。2000年民進黨執政,持續強化台灣主體性的論述與政治操作,並於2002 年主張「一邊一國」,2004 年與 2008 年舉辦公投來彰顯台灣與大陸的不同。整體來說,在李登輝與民進黨長達十餘年的政治操作下,兩岸的認同是愈走愈遠。

2008 年 3 月台灣變天，政治上，兩岸終於暫時擺脫掉走向台獨所帶來的危險；經濟上，隨著而來的兩岸協商爲兩岸經貿交流重新開啓新機，兩岸關係看似應該可以風平浪靜，重新出發。國民黨的馬英九先生雖然取得大位，但是由於本身的外省情結、國民黨生態與選舉考量，即使重新開啓兩岸經貿交流，但是在台灣主體問題的論述上仍然不敢突破，馬英九認爲，「多（只）談經濟、少（不）談政治」最符合其鞏固政權與選舉的利益。

馬英九所屬的國民黨，雖然對外宣稱「不獨」，但是也表明「不統」，雖然不走民進黨的「台獨路線」，但是繼續延續李登輝與陳水扁的台灣「主體論述路線」。此一結果使得「台灣主體性」不斷強化，也因而繼續拉開台灣對大陸的認同距離，而使得兩岸彼此愈來愈像「他者」的關係。「台灣主體性」或「台灣意識」原本應該只是個鄉土的認同，但是在政治的操弄下，「台灣主體性」與「台獨」隨時僅有一線之隔。

經過長達 15 年的政治操作，兩岸認同差距愈拉愈大。台灣著名的《遠見》雜誌在 2008 年 10 月份的「民眾的自我概念」調查報告稱，台灣人民中已有高達 95.9%認同自己是「台灣人」，只有 46.6%認同自己是「中國人」，甚至低於對「亞洲人」（73.5％）的認同。在統獨立場方面，67.5%的人民反對終統（即「立刻統一」與「維持現狀後走向統一」），50.6%的人民贊成終獨（即「立刻獨立」與「維持現狀後走向獨立」）。另外，在「民眾終極統獨立場」方面，有 67.5%民眾並不贊成兩岸最終應該統一，贊成的僅有 19.5%；有 50.6%民眾贊成台灣最終應該獨立成爲新國家，不贊成的有 34.1%。其實不只是遠見雜誌的這份報導，其他民意機構也有類似的民調，而且也

反映出同樣的趨勢。

　　這份民調反應出「台獨」的底層能量已經愈來愈強。因為台灣有選舉考量，政治人物多有隨勢逐流的傾向，如果台灣內部沒有一股將兩岸拉回「中國人」或走向「統合」的聲音，兩岸即可能愈走愈遠，而未來要將這趨勢拉回來的政治成本也必將更大。

台灣缺乏強化兩岸認同的主張與行動

　　在馬英九主政下的兩岸關係，目前台灣僅有兩種主流聲音：

　　一是「兩岸關係物質化」，即台灣方面僅願意多談經貿、金融，但是僅限一般技術性的互動，不存在著新功能主義所稱的「擴溢」（spillover）可能，在文化、社會的交流上仍持保守態度，並以商業收益做為交流的思考。

　　二是「強化台灣主體性」。「兩岸關係物質化」固然有助於兩岸良性互動，但是並不必然能夠加強兩岸的認同鞏固，有時可能反而會更加深兩岸認同的分歧，而「強化台灣主體性」的論述，固然有其歷史因素的背景，也有政治選擇的需要，但是，這兩種主流論述匯流將極有可能讓兩岸在心理認同上逐漸愈來愈遠。

　　一個最顯著的例子就是，雖然已經由海基會與海協達成觀光客來台等四項協定，但是兩岸的認同差距卻沒有減緩的跡象。這顯示出，只有經貿交流，並不一定能夠為兩岸建立共同

的重疊認同。2009 年開始，台灣內部又將開始選舉，「強化台灣主體性」也必定又將是個被朝野政黨拿來凸顯「愛台灣」的說詞，因而使得兩岸的認同差距有再加大的可能。

對於政治有基本認識的人應該都瞭解，如果兩岸之間缺少了共同「認同」，兩岸關係的發展不可能是平穩的，兩岸未來的政治統合也將是緣木求魚。兩岸認同愈折裂，未來要付出的成本就愈大。兩岸統合學會就是希望從民間立場，為如何促使兩岸人民強化彼此對於同屬中國，同為中國人的認同而努力。這項神聖的工作具有兩方面的功能：一是在台灣目前僅有的「兩岸關係物質化」與「台灣主體性」兩種聲音以外，開拓另一種主流的訴求，簡單地說，就是將追求「共同認同」發展成為兩岸的一股重要聲音；另一則是具體提出未來工作方向，呼籲與影響兩岸政府透過制度性的安排，促使兩岸人民強化彼此對於同屬中國、同為中國人的認同，讓兩岸認同得以依循此一方向以獲得強化與鞏固。

如果兩岸和平框架是未來兩岸的骨幹，那麼兩岸認同就是兩岸的血肉，唯有認同強化鞏固，兩岸和平框架才能穩固。沒有共同的認同，所有目前的物質性交流，都有可能成為鏡花水月。擴而大之，華人社會何嘗不也是如此，如果彼此永遠只是停留在血緣與文化上的認同，中華民族不能算是走向統合，也無法發揮中華民族對於全球貢獻的集體力量。再則，兩岸統合與華人統合兩者也存在著共生與相輔相成的關係，兩岸認同的鞏固有助於全球華人認同的強化，而全球華人認同的強化，又有利於兩岸未來的政治統合。

「統合」（integration）兩個字，大陸方面是用「一體化」表達。兩岸統合學會未來的工作方面，以強化兩岸認同為主

軸，做爲一個民間社會學術團體，將在文化、社會、經濟、金融、國際空間、兩岸和平協議方面推出一系列的「兩岸統合」構想，以促使兩岸未來發展的一體化。以下就是未來推動的七項構想，於此我就稱它爲「七個夢想」吧！其目的在以強化兩岸與華人的共同認同爲目標：

七個夢想

（一）文化統合

中國歷史告訴我們，「書同文」是任何政治統合或統一的最基本條件。我們可以說，正是由於一套相同的非拼音文字，使多方言的中華民族能夠超越語言的藩籬，而在各種歷史的風雨中，始終凝聚而不墜。這也就是說，在文化的凝聚力上，文字恐怕比語言更具有重要性。因此，儘管兩岸語言相通，但無可否認的，兩岸這些年來文字書寫上的差異，已然成爲了兩岸人民一個區隔我群與他者的重要符碼。所以只要兩岸文字仍有「簡繁」之別，即使這差別並不算大，但兩岸認同也將因之而失去連綴的基本憑藉。而且由於近年來隨著大陸經濟的崛起，華文也逐漸成爲了世界性的語言，學習華文也成了世界的趨勢。然而由於客觀形勢的對比，世界上的華文學習，幾乎都以大陸的簡體字爲基準。而這樣的形勢，某種程度上也形成對台灣人民的刺激，這也就是說，繁簡字體越發成了拉開兩岸認同

的觸媒。

其實平心而論，文字涉及現代與傳統的接軌，因此台灣的堅持使用繁（正）體，相當程度上使台灣維持了與中國傳統文化接軌的優勢，或者也可以說，它正是維繫台灣在文化認同上的一條最重要的紐帶。這也是為什麼有一些台獨人士千方百計想要推動一套新拼音系統的緣故。因此，如果說大陸真的想要增進台灣對中國的認同，文字其實正是一個很好的管道。事實上大陸當年推動簡體字的一些基本考量，隨著今天電腦的普及，其實已經有了很大的改變。而無可諱言的，由於簡體字的使用，也的確對與中國文化傳統的接軌，形成了某種不利的影響。綜合這些狀況，「兩岸統合學會」乃認為兩岸很可以考慮以推動「兩岸文字趨同化」作為文化統合的首要重點工作，這一工作未必是捨繁就簡，或者是去簡歸繁這樣的選擇題，而是希望能夠結合兩岸與全球華人對於中國文字、文化有造詣的專家，依漢字的造字原則重新檢討文字之簡化，同時也考慮書寫的簡便性，據此討論是否可以「讀繁寫簡」為基礎，或者以逐步回歸正體為原則來使兩岸的文字逐漸走向整合之路：一方面方便傳統與現代的接軌，一方面藉以增進兩岸的文化整合。

（二）貨幣統合

貨幣為認同的重要象徵。「兩岸統合學會」將呼籲與推動建立「第三貨幣」，以成立「華元」（Chinese Dollar）做為與兩岸（可包括港澳）現有貨幣外的第三種貨幣。歐洲共同體在推動歐元的經驗可以做為兩岸的參考。

「華元」可分三個階段推動。第一階段「華元」以「中華貨幣單位」（Chinese Currency Unit, CCU）的身分出現，僅用

在企業間報價、結算，以節省交易成本；第二階段推展消費使用，從「中華貨幣單位」晉身為「華元」，成為第三種貨幣，與兩岸（可包括港澳）現有貨幣共同使用；第三階段則是仿照歐洲使用共同的貨幣，使用單一「華元」。

貨幣統合並不需要以兩岸為限制，可以擴展到港澳地區。換言之，在兩岸四地可以開啓貨幣的統合，以節省兩岸四地的交易成本，也方便全球華人之間商業往來，並經由共用貨幣來強化彼此的重疊認同。未來如果其他東亞國家願意參與「華元區」（Chinese Currency Region），自然歡迎。

（三）經濟統合

我們對於任何有助於兩岸人民利益的經濟與貿易便捷化與無障礙化均應表示歡迎，但是僅有貿易便捷化並不能夠帶來政治上的認同整合。以兩岸是否要簽署「綜合性經濟合作協議」（CECA）或「經濟合作架構」（ECFA）為例，雖然這是一個對台灣有利的協定，但是台灣內部即有擔心被大陸經濟控制或消化的疑慮。資本主義的自由市場本來就存在著「優勝劣敗、弱肉強食」的邏輯，小的經濟體在與大的經濟體互動時，往往會陷入如何不被吸納、依附的困境。對於歐洲的小國而言，如何透過歐洲經濟共同體（EEC）的制度安排，遠較歐洲自由貿易協會（EFTA）公平競爭更符合本身利益。因此，1960年成立的 EFTA 內幾乎每一個小國，包括英國自己最後都選擇加入歐洲經濟共同體，而離開自己所創立的歐洲自由貿易協會。對於歐洲大國而言，如何經由共同體與小國分享權力，也是凝聚整個歐洲認同、創造歐洲集體利益的必要決定。

僅僅是自由流動,對兩岸均有不足之處。對台灣之不足在於有可能失去政治自主,因而兩岸重疊認同並不會因經貿互動頻繁便捷而強化;對大陸之不足在於倘經貿交流不理想,更加深台灣人民對於大陸的不信任。因此,「兩岸統合學會「將呼籲與推動具有「共同體」(community)性質的兩岸共同市場(common market),而非僅是貿易便捷化或自由化的共同市場,方是上策。

推動兩岸共同體可以從簡到難,逐步進行。除了長期呼籲的「兩岸經濟共同體」外,舉例而言,基於近來兩岸對於食品安全多有疑慮,而引發了不必要的政治爭議,可以由兩岸共同成立「食品安全共同體」,由雙方政府機構共同組成,以後行銷至兩岸的相關產品必須經由此一兩岸共同機構核發通過檢驗標準文件,在產品上印有「合於標準的圖識」。「車同軌」、「統一度量衡」是任何一個統一國家不可或缺的制度,目前全球在一些相關產品上已有統一的標準,兩岸基於「與民謀利」的精神為兩岸人民把關,相信可以得到廣大共鳴,而這也將直接強化兩岸人民對於「共同體」的信賴與需要,對於強化彼此認同會有很大助益。

(四)身分認同

身分本即是「認同」(identity)的同義字。基於歷史因素,兩岸目前各有其政治上的身分歸屬。即使大陸對台核發「台胞證」,也是等於同意台灣人民與大陸人民的不同,一種「他者」的認知隨著不同歸屬而日漸強化。為了建立兩岸間的「身分認同」,「兩岸統合學會」將呼籲與推動兩岸人民在現有認同之上的第三認同,也就是對「整個中國」(中國人)的認同,

促成「中華卡」（Chinese Identity Card，簡稱「華卡」或「C卡」）的實現，兩岸政府可以在審核後核發「中華卡」，台灣人民與大陸人民均可持該卡，免簽證進入另一地區，並享有一定的權益。基於兩岸人口、幅員差距，台灣方面的憂慮可以理解。因此可由中國大陸率先推動。在「台胞證」外另發行「中華卡」，或考慮以漸進方式取代「台胞證」。「中華卡」的發放可以推展至港、澳地區，甚而包括全世界的華人。

持有「中華卡」代表著整個中國的認同。筆者在前一期（三月份）《中國評論》月刊〈論兩岸與中國的關係〉一文中，曾提及「同一性理論」一詞。中國大陸如果在憲政上認為中華人民共和國與中國為同一，那麼亦應接受任何認同「中國」，但是非中華人民共和國國民者，均應擁有身為中國人的權利。

兩岸政府目前的憲法均是「一中憲法」，主張與中國為同一，因此，「中華卡」的發放完全合乎憲法。至於「中華卡」可享的權益，容以後再討論。先提出一點，如果兩岸政府在政治上可以容許（憲法上沒有問題），「中華卡」甚而可以擴展至政治上的參與。

「中華卡」制度的推展對於兩岸認同的鞏固，與全球華人認同的建立，將產生關鍵性的重大影響。如果在權益上擴展到政治領域，它將是中國大陸或台灣可能在政治市場上對外開放（目前兩岸政治市場均是封閉，即只有持自己國家護照者能參與國家治理）的一個選擇。想想看，在春秋戰國期間，孔子可以周遊列國，尋求治國機會；衛國人衛鞅至秦國為相，在周天子的世界無國籍之差異（周天子時代的政治市場是以文化民族為基礎，當代的政治市場是以國籍為依據）而也因此，秦國卒

能強大。未來持「中華卡」者,雖持他國護照,亦可爲兩岸政府合法貢獻,不受「單一國籍」之限制,兩岸政府如此可廣納天下英才,共同爲中華民族而努力,這不是一個足資傳頌的美談嗎?

「有容乃大」是中華民族的古訓,社會愈是開放、民族愈能包容,民族與國家愈易壯大。中華民族在全球擁有無數人才,兩岸政府誰能夠對其開放,誰將優先獲利,如果兩岸共同開放則是鞏固共同認同的最有意義抉擇。

(五)安全認同

目前兩岸政治上的爭議之一在於台灣方面質疑中國大陸爲何不放棄武力犯台;大陸方面則質疑台灣從來沒有放棄走上台獨的可能。面對這個問題,「兩岸統合學會」將呼籲與推動「兩岸和平階段化與相對化」的概念與政策。「階段化」意爲兩岸安全宣示以四年爲一期;「相對化」意爲在台灣領導人正式做出「四年任內反對台獨」的宣示,大陸領導人也做出「四年內放棄武力與武力威脅」的保證。「兩岸統合學會」將呼籲與推動「兩岸和平相對化與階段化」,以逐漸解決彼此的疑慮,爲雙方建立友好互信創立基礎,以達強化彼此認同之功(至於這一相互的宣示與保證需不需要、可不可以建立一個客觀的查證機制,以免紛擾,這當然可以容後討論)。

在討論政策過程形成中,有「制度論」的學說。「制度論」可分爲「理性選擇制度主義」、「社會學制度主義」與「歷史制度主義」三種。「理性選擇制度主義」告訴兩岸,在中國大陸的眼中,戰爭與台獨是同義字,因此基於安全與穩定,台灣必須理性地放棄台獨選項。「社會學制度主義」告訴兩岸,當

追求安全已經成爲一種文化認知，一種習慣時，沒有人會嘗試挑戰這種論述，人民會自然而然地因爲避開戰爭，而選擇放棄台獨。「歷史制度主義」告訴兩岸，當「確保和平」已經成爲一個行之多年的政策時，人們也不會再嘗試選擇另外一種未來不確定的政策。這三種制度理論，都告訴我們一個有正面結果的答案，即只要「兩岸和平階段與相對化」一開始啓動，兩岸和平的大門就打開，而再也不容易關上了。

在台灣內部，我與黃光國、謝大寧等教授曾共組「民主行動聯盟」，在 2004 年開始推動「反 6108 軍購」時，即同步發展「兩岸和平論述」，當時並由七位中央研究院的院士共同聯名發表。2005 年起，提出台灣應建立成爲「台灣和平島」的論述，以「和平主義」尋求兩岸和解並節省經費用以發展台灣，而非依附強權，以購買軍購交保護費的「乖乖主義」（扈從主義）方式追求台灣的真正安全。未來「兩岸統合學會」仍然會持續此一立場，繼續推動。

（六）國際參與

如前所述，兩岸認同的開始轉折與斷裂就是起因於 1993 年李登輝先生推動重返聯合國開始。眾所周知，無論是「重返」、「參與」或是「加入」聯合國，牽涉到國際政治的現實，絕非台北一廂情願即可。這一個議題之所以在台灣歷久不衰，即使馬英九先生獲得執政，也不敢在這個問題上有所退縮，顯示出「參與國際活動空間」的確是台灣人民的一項需要。但是，對有心政客而言，此一議題的不斷炒作，將可有效將中國大陸塑造爲一個打壓台灣主體性的「他群」，進而拉開兩岸人民的

認同。我們雖然對於政客們利用此一議題操弄認同不予苟同，但是也不得不承認，這個問題存有高度的操弄利潤。台灣參與國際活動空間的問題如果不能妥善解決，兩岸認同將長期受制於政客的操弄，很難真正的建立。或許可以這麼說，如果兩岸能夠在國際參與問題上找到解答，將有助於徹底地解構台獨人士利用「悲情」的可能。

北京方面當然也看出了這個問題的嚴重性，因此願意在台灣參與世界衛生大會（WHA）事情上讓步，胡六點就已經做了表示「對於台灣參與國際組織活動問題，在不造成『兩個中國』、『一中一台』的前提下，可以通過兩岸務實協商作出合情合理安排」。但是這種僅是同意台灣「參與國際組織活動」，而不提「參與國際組織身分」的方式，是否能夠滿足台灣人民的需要，或者更清楚地說，是否能夠防杜政客們操弄此議題？答案想必不樂觀。但是在北京基於「一個中國」原則上，又不可能接受台灣以正式會員參與國際組織，如何解決這個問題，兩岸統合機制應該可以幫助我們找到答案。

參與國際組織可以分為兩種，一種是必須與主權國家參與；另一種可以容許主權以外其他國際法人參與。我們暫且不創造國際法，也不自行分類，就用歐盟參與國際組織的方式來舉例。

第一種國際組織，例如世界貿易組織（WTO）、世界糧農組織（FAO）、一些國際性的漁業組織、歐洲復興發展銀行（EBRD），歐盟成員國與歐洲共同體（EC）均為組織的正式成員。在另一些組織中，例如聯合國大會（General Assembly）、世界衛生組織（WHO）、聯合國經濟暨社會理事會（ECOSOC）、國際勞工組織（ILO）、經濟合作暨發展組織

（OECD）、國際民航組織（ICAO）等，歐洲共同體是以觀察員身分參與。如果北京擔心台北的參與有可能造成台灣法理上的獨立，可以「兩岸三席」的方式處理，即北京代表團、台北代表團與兩岸共同體代表團（第三席）共同出現在該國際組織中。兩岸共同體代表團是由兩岸共同組成，它的存在將使得，即使台北以正式成員（或觀察員）身分參與，也不會在法理上造成台灣獨立的法理事實。

第二種國際組織，例如聯合國的安全理事會、國際法院（ICJ）、國際貨幣基金（IMF）等，只有歐盟成員國，而沒有歐洲共同體參與。如果兩岸簽署的和平協議中，有保證不分裂中國的條款，那麼在國際法意義上將不存在著兩岸分別「出現」，會造成兩岸分裂的法理事實。

「中華卡」的創立可以作為處理國際參與問題的另一種思考。由於兩岸在憲政上均採「同一性理論」，視自己為中國，因此，持中華卡者在法理上有資格代表整個中國，「中國為中國人之中國，非兩岸政府所能獨享」，這應該是中華民族的共識。以聯合國這種高敏感的國際組織為例，北京可以任命持「中華卡」者擔任駐聯合國大使或其他工作。也就是說，這位持「中華卡」的工作人員，可以同時持有中華民國護照而無妨，而不是以持中華人民共和國護照為唯一條件，因為他在聯合國內代表的是整個中國的利益，包括台灣與大陸。如果說有一天真的發生了這樣的狀況，我們相信歷史也會永遠讚許我們這一代中國人的創意。

「中華卡」與「兩岸三席」在國際組織中的運用，可以做更細緻的安排，本文只是提出初步的構想。就功能上來說，這

樣機制的出現，一方面顧及到台灣參與國際空間的需求，另一方面兩岸在國際組織中的認同也能開始建立，這對於兩岸人民的認同將產生翻天覆地的大轉變。看起來，北京好像做了過多的讓步，但是事實上卻是進了一大步。這也許正是老祖先「能捨乃能得」的另一種現代詮釋吧！

（七）基礎架構

兩岸建立和平框架，方能從結構面上徹底為兩岸創造和平與發展的環境。胡錦濤先生在紀念《告台灣同胞書》30 週年講話時，第六點即強調「結束敵對狀態，達成和平協議」，並「再次呼籲，在一個中國原則的基礎上，協商正式結束兩岸敵對狀態，達成和平協議，構建兩岸關係和平發展框架」。馬英九先生也多次提及簽署兩岸和平協議的構想。

兩岸和平框架，應該是個綜合性（包括政治、經濟、文化、社會……）的框架，還是個基礎性（以政治為原則）的框架，在中國大陸內部有不同的見解，兩岸和平框架應該以「先易後難」（先其他後政治），還是以「先根後枝」（先政治後其他）為推動原則，兩岸知識社群也有不同的看法。

筆者的淺見是，「和平框架」可以是一個「綜合性的框架」，但是「和平協議（定）」最好是一個基礎性的協議，用以規範兩岸定位與走向的基本原則。在推動兩岸綜合性的和平框架上應該「易難並進」、「根枝並重」。簡單地說，不放棄推動兩岸和平發展任何有利機會，也不放棄創造兩岸和平發展的任何有利可能。

先前所提到的「文化統合」、「貨幣統合」、「經濟統合」、「身分認同」、「安全認同」都是屬於創造兩岸認同的範疇，

本身可以是未來兩岸和平框架的骨幹,更可以成為讓骨幹更為穩固的血肉,它們就是「綜合性和平框架」的應有內涵。至於兩岸和平協議,本人在《中國評論》2008 年 10 月號已為建議的「兩岸和平發展基礎協定」作一芻議,請參考,此處不再多提。

本人在〈兩岸和平發展基礎協定芻議〉一文中所提的意見只是一位身為中華民族一分子,希望對兩岸和平發展所拋出的一塊磚瓦而已。有關兩岸和平發展絕非僅是兩岸所可獨斷之事,而為整個中華民族、華人社會都有責任關切發言之大事。基於此項理念,「兩岸統合學會」擬邀請包括兩岸在內的海外華人社會相關知識菁英共同座談、討論以期以中華民族之智慧研擬一有關兩岸和平協議之「民族版本」,以確定兩岸的定位與走向,為未來發展奠定法制面的基礎,俾供兩岸政府參考。

至於未來的和平協議到底要稱之為「協定」還是「協議」,筆者並沒有多少意見,原因在於:一、在法律意涵上,「協定」與「協議」是完全一致,英文都是 agreement;二、就中文而言,「定」比「議」強一些。因此兩岸都有學者認為,在政治意涵上,「協議」比「協定」非正式些,比較適合兩岸的情形,可降低政治的色彩。筆者提出另一種觀點,無論是「協定」或「協議」都是希望兩岸遵守,用較有政治約束性意義的「協定」是否更好?中國大陸不會簽一個不符合本身利益的文本,台灣亦然,因此關鍵在於文本內容,而不在於「協定」或「協議」之別。舉例而言,本人所擬的文本中有「保證不分裂中國」的字句,北京難道會希望這句話不以強烈政治性的意涵來約束

嗎？因此，從遵守約定的政治性意涵角度來看，「協定」應該優於「協議」。

結語：民族沒有夢想，不會偉大

　　一個人的心量有多大，他的世界就可以有多大。一個民族的認同有多強，他的能量就可以有多強。

　　毫無疑問，中國大陸有強烈的意圖追求統一，對統一路徑的思考是「和平統一、一國兩制」，這是屬於一種「機械式的安排」，即先統一後統合，兩岸先為一體再培養認同。台灣方面有一群人要離開中國，建立自己的認同，他們的訴求是「強化台灣主體性」，等待的是北京犯錯或中共政權崩解；也有一群人，認為憲法雖然不排斥統一，但是他們對統一沒有興趣，因為他們與中國的認同已經逐漸斷裂，他們的最高指導原則是維持現狀，以「兩岸關係物質化」為追求目標，對兩岸關係的認知是，透過兩岸「功能式的合作」，交流可以促進瞭解，互惠可以化解敵意，他們認為兩岸可以透過「功能性的擴溢」而逐漸解決爭議，現階段要的是「不獨、不統」，只要兩岸關係正常化。

　　統合理論的研究者早已提出了警告，功能性的交流雖然有助於彼此的關係，但是不必然會增加彼此的認同，有時反而會產生「溢反」（spill back）現象。要讓統合不斷前進的不二法門，就是政治菁英在合作過程中的有效疏導。

　　從任何一個政治聯合體的統合過程來看，都是大的一方必須扮演主導的角色。普魯士透過關稅同盟，建立一個日爾曼共同市場，最後促成了德國的統一。法德兩個大國做為歐洲的火

車頭，帶領著歐洲統合前進。從國際政治經濟學來看，要做一個區域整合的領導者，最需要做的就是釋放「公共財」（public goods）與建立規則。

以上的七項構想，做為民族一分子的七項夢想，有的是兩岸可以齊步努力，例如「文化統合」、「安全認同」、「和平框架」，但是有些部分是中國大陸必須釋放出更大的「公共財」讓兩岸或全球華人參與。相較於德國對歐洲貨幣統合所承擔的責任與貢獻，中國大陸也可以在兩岸的「貨幣統合」的過程中，主動扮演推動者的角色。在「身分認同」方面，為了整個中華民族的利益，中國大陸可以考慮跳脫傳統西方的國家思維，而以「中國是中華民族之中國」為基礎，率先發行「中華卡」。在「國際參與」方面，中國大陸更應該以寬廣的胸懷，釋放國際活動空間給另一塊土地的 2300 萬炎黃子孫。畢竟從民族主義角度來看，只要兩岸同屬中國，同為中國人，在這個基礎上，沒有甚麼不能談、沒有甚麼不能讓。

「兩岸統合學會」未來幾年，將以呼籲、推動兩岸統合為主要工作。我們希望與中國大陸、港澳及美、歐、日、新加坡等華人較多聚居之團體建立合作夥伴關係，期望結合兩岸與華人知識社群，共同豐富兩岸統合的內涵與尋找有效的途徑。經由座談會、研討會、演講、網路、出版品，將理念傳播，共同為促進兩岸和平、推動民族統合而努力，衷心期望所有認同此一目標者，共同參與及支持。

希望讀者不要認為夢想過於天真。人生沒有夢想，不會美麗，民族沒有夢想，不會偉大；人生沒有勇氣，無法前行，民族沒有勇氣，終究衰敗。格局決定了個人與民族的結局，讓我

們用大格局來編織夢想，用大勇氣來使它成真。讓我們開始
吧！

【本文原刊載於《中國評論》月刊 2009 年 4 月號，總第 136 期】

從「台灣地位未定論」
到「台灣前途未定論」

前言：「台灣地位未定論」的幽魂還在徘徊

2009 年 5 月 1 日，日本駐台代表齋藤正樹不甘寂寞地又拋出了「台灣地位未定論」的看法，大多數台灣人民感到不解、憤怒，但是也有不少台灣人民表示支持。一國駐外代表公開地主張其駐在地的地位未定，而可以繼續留任，這可能也是外交史上稀有之事。齋藤的談話是個人意見，還是日本政府潛藏在內心的主張？始作俑者美國的態度又是如何？齋藤的談話激起了我們塵封的回憶，更讓我們思考「台灣地位未定論」的幽魂還沒有散去，不但如此，它已轉換成以「台灣前途未定論」的另一種面貌出現。本文就在討論這個對於台灣與兩岸極為重要的課題。

「台灣地位未定論」從來就不是法律問題而是政治產物

「台灣地位未定論」從來就不是個法律問題，而是冷戰前期的政治產物，是美國在冷戰初期的戰略設計。「台灣地位未定論」的歷史其實是讓兩岸所有中國人感到傷痛的。讓我們就從歷史事實的回憶中找尋答案。

（一）台灣回歸中國

　　1943 年 12 月 1 日的《開羅宣言》，美國總統羅斯福、英國首相邱吉爾及蔣介石共同發表聲明稱：「三國之宗旨，在剝奪日本自 1914 年第一次世界大戰開始後在太平洋上所奪得或所佔領之一切島嶼，在使日本所竊取於中國之領土，例如東北四省、台灣、澎湖群島等，歸還中國，其他日本以武力或貪慾所攫取之土地，亦務將日本驅逐出境。」這是二戰末期最重要的宣言，明確地表示，台灣應該歸還給中國。

　　1945 年 7 月 26 日，《波茨坦公告》（Potsdam Proclamation）中稱：「開羅宣言所宣示的條件，必將實施，而日本之主權，必將限於本州、北海道、九州、四國及吾人所決定之其他小島之內。」

　　1945 年 9 月 2 日，日本在降伏書中，表達出對《波茨坦公告》的接受：「接受美、中、英三國政府首領於 1945 年 7 月 26 日在波茨坦所發表，其後又經蘇維埃社會主義共和國聯邦所加入之公告所列舉之條款。」

　　日本的降伏書接受波茨坦公告、波茨坦公告接受開羅宣言，即日本接受在開羅宣言中，將台灣歸還中國的規定。1945 年起，中華民國政府接收了台灣，開始行使有主權行為的統治權，全世界沒有一個國家提出異議。當時的中國就是中華民國，即台灣歸還中華民國是一個不爭的法律事實。

　　一直到 1950 年初，沒有任何人曾經提過台灣地位未定的說法。美國對於台灣屬於中華民國也沒有任何異議。1950 年 1

月 5 日，當時的美國總統杜魯門即在記者會中公開表示，「為了遵守這些宣言（開羅與波茨坦），台灣已交給蔣介石委員長，過去四年來，美國和其他盟國一直承認中國在該島行使權力」。同一天，國務卿艾其遜也說：「中國已治理台灣四年，美國或其他盟國從來沒有對於該項權力和占領發生疑問。當台灣為中國的一省時，無人對它提出法律上的疑問。那就認為是符合約定的」。

(二)「台灣地位未定論」的由來

1950 年 6 月 25 日韓戰的爆發，使得美國重新重視台灣的地位。美國需要台灣作為它在西太平洋的反共堡壘，派遣第七艦隊協防台灣。為了避免台灣落入共產主義陣營，美國開始為其介入兩岸事務尋求法理基礎。杜魯門聲明「台灣地位未來的決定，必須等到太平洋安全恢復，與日本和平解決，或經由聯合國考慮」。開啟了美國「台灣地位未定論」的主張。

美國對台灣地位採未定的主張，提供了美國介入台海爭執的法理依據。當時擔任美國國務院外交顧問的杜勒斯（John Foster Dulles）即曾對國府駐美大使顧維鈞表示，「假使美國業已將台灣視為中國的領土，不僅中國的代表權問題須立謀解決，而且美國也將失去部署第七艦隊協防台灣的依據」。

顧維鈞大使在回憶錄中也明白指出，當時在國府撤退至台灣後，局勢相當不穩，準備承認及可能承認中共的國家甚多。在韓戰爆發後，美國驟覺台灣地位的重要，又不願台灣落入中共或蘇聯共產集團之手。美國如果不主張台灣法律地位未定，而又宣稱台灣屬於中國，則無法對已經承認中共為中國的國家主張台灣不應屬於中共。

　　1951 年第二次世界大戰的戰勝國與日本在美國舊金山與日本簽署戰後的和平條約。美國、英國、蘇聯對於邀請兩岸哪一個政府參加《舊金山對日和約》沒有共識，兩岸因而都在這個和平條約中缺席了。而 1951 年 9 月 8 日的《舊金山對日和約》中僅規定，「日本放棄對台灣、澎湖所有的權利、權利名義與要求」，並未說明放棄後的權力交給誰。很遺憾吧，中國為了抗日，死傷何止千萬，卻在戰後最重要的和平條約中缺席。這是中國分裂所帶來的另一個悲哀。

　　日本所以未說明台灣應歸還給中國，一方面可以解釋為日本已經放棄，沒有權利說交給誰，另一方面可以認為，由於在當時中國分裂的情形下，兩岸各有其支持者，雙方亦均未出席和會，也就不決定給誰。不過，這個因國際現實情境所產生的「台灣地位未定」，自此一方面成為台灣獨立支持者的理論依據，同樣也成為美國主張介入兩岸的法理根據。

　　雖然台北未能親自與會，但對於領土問題並沒有輕忽。在台北強調此一問題後，當時的美國國務卿杜勒斯就曾明白對顧維鈞大使指出，《舊金山對日和約》是「接納了台北方面的意見」，所以「南庫頁島及其附近島嶼以及千島群島現都和台灣及澎湖列島以同樣方式處理，僅要求日本對所有這些領土放棄權利要求」。迄今未曾出現過任何有關庫頁島等法律地位的問題，為何獨獨台灣地位有問題，原因自然是很簡單，就是現實政治使然。

　　由於台北並未參加《舊金山對日和約》，於是乃在 1952 年 4 月 28 日，由中華民國與日本單獨簽定《中日和約》。該約中再重述《舊金山對日和約》的規定，「日本放棄對台灣、

澎湖群島，以及南沙群島與西沙群島之一切權利、權利名義與要求」。日本並在和約中承認與中華民國「在 1941 年 12 月 9 日以前所締結之一切條約、專約及協定，均因戰爭結果而歸無效」。日本拒絕同意中華民國要求日本承認中華民國對全中國領土擁有主權的主張，也沒有在這個和約中明白地表明將台灣歸還給中華民國。

由於日本並沒有明確地在上述兩個和約中表明將台灣歸還給中華民國，因此一直至今日，仍有部分人士將其作爲推動台灣獨立的理論基礎。不過依據國際法，台灣與澎湖在法律上屬於中華民國是不容置疑的。因爲篇幅有限，本文不做國際法的討論，一個簡單的回答，前面已說過，日本的降伏書接受波茨坦公告、波茨坦公告接受開羅宣言，即日本接受在開羅宣言中，將台灣歸還中國的規定，台灣歸屬中國毫無疑問。

以上曾述及，如果中國沒有在 1949 年分裂，台灣的地位不會是一個問題。「台灣地位未定論」可以說是一個因爲中國分裂而形成的國際政治下的產物。無論是《開羅宣言》、《波茨坦公告》是否有法律效力，日本到底有沒有將台澎交還給中華民國等等問題，都隨著每個國家的國家利益需要，或者個人的政治認知而有了不同的詮釋。

(三)美國對於台灣法律地位的看法

當時美國的對台政策是兩面的，一方面仍與中華民國維持外交關係，等於承認了中華民國在台灣作爲一個主權國家的法律地位，但另一方面，卻現實地容許「台灣法律地位未定」見解的存在，使得中華民國是否享有在台灣的主權，甚或中華民國是否爲一獨立的主權國家都顯得很模糊。至於如何解釋與

發展，則全視國際環境的發展與美國的需要。

拜冷戰之賜，1953 年 4 月 2 日，美國駐華公使銜代辦藍欽（Karl Rankin）升任大使，象徵中華民國與美國關係邁向正常化的新階段，台灣成爲美國在西太平洋防堵共產主義擴張的干城。美國一方面與台北維持著外交關係，並支持中華民國在聯合國的席位，但另一方面卻主張中華民國當時所擁有的領土台灣是「地位未定」，這也是國際間稀有的事。

1950 年代兩岸之間有兩次重要的軍事衝突。一是 1954 年 9 月 3 日，中共猛烈砲擊金門，第一次台海危機爆發，同年 12 月 2 日，駐美大使葉公超與美國國務卿杜勒斯在華盛頓簽署《中美共同防禦條約》。另一是 1958 年 8 月 23 日，中共再襲金門，引發第二次台海危機。

美國參議院外交委員會在批准 1954 年 12 月 2 日簽署的《中美共同防禦條約》時補充稱，爲避免誤解該條約的目的，「本委員會認爲本條約之生效，將不致影響（affect）或修改（modify）台灣與澎湖之現有法律地位」、「不應被解釋爲影響或修改其所適用之領土的法律地位與主權」。換言之，即使與國府簽了共同防禦條約，美國還是繼續採取「台灣地位未定」的見解。

雖然美國決定與中華民國締結軍事結盟，但是基於本國利益，仍舊與中共保持聯繫。從 1954 年 6 月起與中共在日內瓦展開「領事級」的談判。1955 年 7 月 27 日，雙方發表聯合公報，宣稱「美國與中華人民共和國同意於去年在日內瓦舉行之雙方領事代表之對話，應改爲大使級代表進行，首次雙方大使代表之會議將於 1955 年 8 月 1 日在日內瓦舉行」。這是美

國與中共的第一分官式雙邊聯合公報,比「上海公報」早了十七年,值得注意的是,它也是美國在其外交文件中首次直稱中共當局為「中華人民共和國」。

綜觀兩岸在 1954、1958 年的兩次台海衝突,美國一方面主張「台灣法律地位未定論」,以確保介入兩岸衝突的依據,並將其作為拒絕承認台灣是屬於中華人民共和國的理論依據;一方面,美國經由《中美共同防禦條約》確保台灣安全,並防止台灣因武力反攻大陸而可能引起的台海爭端;另一方面,美國持續地與中共互動,尋求一個與北京改善關係的機會。美國目的只有一個,即美國的國家利益。

(四)《上海公報》結束了美國主張的「台灣地位未定論」

國際關係牽動美國對北京與台北的立場。1969 年中共與蘇聯爆發珍寶島事件,美國與中共在同年 12 月即在華沙恢復了會談。美國與中共的關係很明顯將有轉向。1971 年 7 月季辛吉祕訪北京,國際社會均了解到美國的轉向而不再支持台北。同年 10 月聯合國大會通過第 2758 號決議案,中華民國被迫退出聯合國,中華人民共和國成為了中國在聯合國中的唯一合法代表。

1972 年 2 月 21 日美國與中共聯合發表《上海公報》,在公報中,美國表示「認識到(acknowledge)在台灣海峽兩邊的所有中國人都認為只有一個中國,台灣是中國的一部分」,美國對於兩岸的這個立場「不提出異議」。

清楚地說,對美國而言,這個冷戰初期因為戰略需要而設計出來的「台灣地位未定論」在《上海公報》已經結束,即

美國接受「台灣是中國的一部分」。美國從此不再提「台灣地位未定論」。美國有了新的戰略佈局。

　　「台灣地位未定論」正式結束，但是由於中華民國長期存在的事實，另外一個問題開始產生，台灣未來的前途為何？獨立還是統一？隨著台灣民主化的步伐，「台灣前途未定論」藉著「台灣地位未定論」的幽魂重新在台灣的土地上盤旋，它帶給台灣的是長達十餘年的「嗆聲式民主內戰」，社會認同分歧以及經濟的衰落，一直到今天，這個問題仍然沒解決。`

「台灣地位未定論」的變形：「台灣前途未定論」

　　蔣介石與蔣經國任內很清楚認為，不僅是台灣，連同中國大陸都是中華民國主權與治權的一部分。蔣經國的「國族認同」很清楚，中華民國就是中國，要與中共爭中國的正統，而不是搞分離。台灣的人民既是台灣人，也是中國人，中國人與台灣人是兩個可以相互包容的概念。這段時間沒有「台灣前途未定論」的問題，台灣的前途很清楚：蔣經國是要把台灣建設成三民主義的模範省，其目的是要光復大陸。

(一)李登輝尋求建立屬於台灣的國族認同

　　李登輝接任總統以後，一方面透過國統綱領接受了北京在中國大陸享有治權的看法，但是另一方面，卻為尋求「獨台」

（中華民國是一個主權獨立的國家，不存在憲法上的統一約束）或「台獨」（台灣為一個主權獨立的國家，沒有統一問題）找尋理論基礎。為了達此目的，李登輝在其任內進行一個新的國族認同改造過程。

只要是人的社會就會有「我群主義」，小者是家庭、中者是部落、最高層次是建立自己的國家，也就是說，「國族主義」是「我群主義」發展的最高階段。李登輝擔任大位以後，分別從族群、制度、政治上建構以「台灣主體性」為內涵的認同，其目的是建立一個屬於台灣自己的排它性國族認同。

從心理學上來說，「尋求差異」是界定「我群主義」最簡單的方法。1990 年代以前，台灣內部有所謂「台灣人」與「外省人」之別。為了強化台灣內部的「我群主義」，李登輝以「新台灣人」的論述來涵蓋「台灣人」（包括閩南、客家、原住民）與「外省人」，其目的在區隔在中國大陸的「中國人」。至此，「台灣」與「中國」成為兩個不同內涵的「我群主義」。「台灣人」與「中國人」為兩個不再相互包容的概念。

兩岸政治、經濟制度的不同給了李登輝建構與大陸「差異」的絕佳機會，在他任內，成功建構了台灣與大陸之「異己關係」，所差的只有如何建構「國家」這一部分。

在現實的國際環境下，李登輝知道，台灣不可能一步到位地建立新的國家，「台灣共和國」的「台獨」路線不易成功，因此，他採取了「借殼上市」的方法，即改變中華民國體質的策略。簡單地說，他開始走一條「獨台」的路線。

在政治上，李登輝從 1993 年起推動加入聯合國。他完全了解到，只要台灣尋求加入聯合國，北京一定會打壓，而北京的打壓正好可以激起台灣「我群主義」的團結。1993 年起，

李登輝不斷挑動北京的神經，1990 年代北京多次文攻武嚇的結果使得李登輝成功地塑造出台灣被打壓的悲情意識，而這個悲情意識正是台灣「我群主義」最豐沃的溫床。

1994 年，李登輝將「一個中國」去政治化與法律化，一個中國不再是中華民國，而是個歷史、文化、地理、血緣上的概念。1999 年推動「兩國論」。李登輝很巧妙地以「台灣主體性」名稱做為國族建構的訴求，他的「台灣主體性」路線圖是先凝聚台灣內部的「我群主義」，再逐步從「我群主義」過渡到「國族主義」，即建立屬於台灣人的國家。

李登輝的另一個作法，即是以「民主」做為「我群主義」成長的養分，這也完全合乎當代國際社會的主流價值，因此，幾乎沒有人會或敢於提出挑戰。我們揣測李登輝的想法，只要台灣不斷的民主，台灣主體性自然會愈來愈強烈，最後會自然演變到台灣「國族主義」的形成，讓兩岸的永久分裂成為事實。李登輝選擇了一條由「量變到質變」的策略，他的國族主義建構路線圖為：中華民國→中華民國到台灣→中華民國在台灣→中華民國是台灣→台灣叫中華民國→台灣叫台灣→台灣是台灣共和國。

(二)台灣民主內戰的開啓

不是沒有人看出李登輝的國族建構路線圖。首先是李登輝在 1994 年接受司馬遼太郎的談話時，揭露了他心中的真正企圖，他「身為台灣人的悲哀」言論，日本教育的背景、對中國的厭惡、認為國民黨是「外來政權」，已經開始讓人查覺到他的最終目的為何。

　　李登輝在國族建構過程中碰到幾個大的問題。首先是他如何擺脫「一中憲法」對他的束縛，其次是美國是否會支持，第三是，北京會採取甚麼樣的反應。李登輝無法解決這些問題，所採取的策略就是「拖」，用「民主」做為「拖」的工具。李登輝等待的是「瓜熟蒂落」，等待的是突如其來的一個「變數」（例如中國的崩潰），台灣的「國族主義」建構將可順利完成。

　　可是李登輝萬萬沒有想到，他的這一套國族建構藍圖，卻給台灣社會帶來了紛擾與災難，台灣自此進入了國家認同與兩岸定位的民主內戰。這一場內戰並不是以暴力，而是以選舉方式來進行。國家與社會認同的分歧並沒因為每一次的選舉而結束，反而愈演愈烈，成為每一次大選的主軸，迄今沒有結束的跡象。

　　首先是國民黨內部開始分裂，新國民黨連線、新黨、親民黨相繼成立。他們在不同階段分別質疑李登輝的國族建構路線。

　　1996 年的選舉是台灣民主化以來的第一場總統大選。李登輝用國民黨這塊招牌來遂行其自己的理念。1996 年國民黨高興得以為贏得了總統大選，但是四年之間，他們逐漸發現，李登輝原來走的根本不是國民黨的憲政路線，所謂「國統綱領」與「國統會」根本是李登輝鞏固其權力的工具，而不是他真正的信念。李登輝對於中國是沒有任何情懷的。1999 年抛出「特殊國與國」的「兩國論」，讓國民黨才感覺到真正受騙了，事後證明參與「兩國論」論述的重要核心，竟然都是未來民進黨的重要領導幹部。國民黨的後悔已晚，「戒急用忍」已經讓台灣失去了在中國大陸發展的先機，更重要的，李登輝的「台灣

主體性論述」已經逐漸取得主流，國民黨內部又無法形成一個可以超越的論述。

在國族建構過程中，李登輝用的策略是「強調民主、不理憲法」。他用「民主自決」做為台灣前途何去何從的依據。李登輝的策略是，台灣未來的前途必須由台灣地區的住民自己決定，這一點上，李登輝與民進黨有了交集。

(三)大選沒有解決民主內戰

任何一個社會都會有分歧，總統大選往往是解決國家方向何去何從的最好方法。可是在台灣，弔詭的事發生了，1996年的大選，代表國民黨的李登輝，勝選以後，走的卻是反對黨的路線。大選結果不僅沒有解決問題，反而使得問題更錯亂與複雜。

2000 年是台灣第二次總統大選，是一場以國家認同與兩岸定位為主要訴求的選戰，選舉結果應該可以對台灣未來何去何從做一個清楚釐清，可是由於藍軍的分裂，而使陳水扁坐收漁翁之利，陳水扁以沒有過半數的相對多數贏得選舉。由於陳水扁沒有過半數，在國會又是少數，選舉結果等於沒有解決台灣的國家認同問題，台灣的民主內戰並沒有結束，台灣內部無論在立法院或是媒體，仍然進行著「嗆聲式的民主內戰」。由於國民黨不能接受陳水扁的主張，又沒有辦法提出一套合理的台灣前途論述，台灣從此開始在口水中虛耗，整個社會處於對立，國家前途沒有方向。

李登輝從 2000 年起成立台聯，推動「台獨」的國族建構。2002 年陳水扁拋出「一邊一國」，企圖為台灣的國族主義找

到定位，走的是李登輝的路線圖。這時候的國民黨雖然已經擺脫掉李登輝的領導，但是並沒有勇氣回歸原本的憲政主張，即「一個中國」原則，反而在精神上仍然延續著李登輝的「台灣主體性論述」路線，國民黨已經失去了自己的論述，開始採取與民進黨爭奪「台灣主體性論述」的詮釋權。

2004 年的大選，是台灣第三次大選，也是對誰主導台灣前途路線的再一次檢驗。雖然陳水扁獲得了半數選票，但是由兩顆子彈的疑雲，使得陳水扁當選的正當性受到質疑。因此，民主的內戰仍然沒有結束，國家認同與方向問題仍然沒解決。隨著陳水扁集團貪腐事件受到質疑，陳水扁用激進的台獨路線來掩飾貪腐。「烽火外交」、「以台灣名義加入國際組織」，「公投入聯」，都是這個思維下的產物。

陳水扁的八年執政，卻無法宣佈台獨，間接證明了台獨是一條不可能成功的道路，陳水扁的貪腐行為也灼傷了台灣國族建構的正當性。但是從李登輝以來所發展出來的「台灣主體論述」已確定成為主流。2005 年的修憲，國民黨配合民進黨，兩大黨聯手讓「法理台獨」入憲，2007 年民進黨主張「入聯公投」，國民黨也主張「返聯公投」。馬英九的競選廣告，也主張台灣的前途必須由 2300 萬人決定。換言之，馬英九接受了李登輝以「民主自決」的方式決定台灣的前途，而不是依據中華民國憲法來決定台灣的未來。

（四）馬英九選擇了「不統不獨」的「台灣前途未定論」

2008 年的大選，是台灣第四次大選。馬英九以七百多萬票贏得大選。按理來說，這一場長達十餘年有關兩岸關係定位

與國家前途的民主內戰應該有個結果了,但是由於馬英九先生所代表的國民黨在本質上已經接受了李登輝的台灣主體性的「台灣前途未定論」路線,任用賴幸媛擔任陸委會主委、鄭瑞城擔任教育部長,充分地反映出馬英九的思維,他尋求的不是一個清楚的路線選擇與清晰的兩岸定位,而是一個置未來於不確定狀態的兩岸論述。

在馬英九的戰略佈局中,台灣最需要大陸的是經濟,他要談的是「經濟地理」,而不是「政治歷史」;他希望的是只談現在,不談未來。馬英九不再提他曾經參與的國統會或國統綱領,主導他的思想是「不統、不獨」,他接受了用「民主自決」來決定台灣未來前途的論述,而不提憲法的一中,他目前走的正是「台灣前途未定論」的路線。

馬英九當選以後,希望用討好妥協的方式來結束台灣長達十餘年的民主內戰,但是民進黨可不這麼想,民進黨對兩岸協商與未來 ECFA 的質疑,顯示出兩岸定位與台灣前途問題不可能隨著馬英九的討好妥協而結束,未來的每一場重要選戰,仍舊還會有著民主內戰的影子,如果馬英九不能有勇氣實踐一套前瞻性的論述,而只是選擇討好妥協或接受李登輝的「台灣主體性論述」,這場民主內戰不容易結束,台灣極有可能繼續內耗。

馬英九與李登輝的差別在於,李登輝用「拖」的策略來等待台灣主體性轉化為台灣獨立,他的目標非常清楚,而馬英九是缺乏自己的論述,又基於選舉考量不敢也不願意去碰觸台灣前途問題。值得擔心的是,馬英九作為的結果是否會與李登輝的目的殊途同歸?

　　兩岸和平協定涉及兩岸定位與走向問題，即台灣未來的前途問題。當簽署此一協定時，也是台灣必須清楚表達立場的時候。這也是爲何和平協定是國民黨難以面對的難題。馬英九曾經在接受新加坡媒體專訪指出，若能在 2012 連任，不排除觸及兩岸政治議題的協商。但是馬英九在 2009 年 5 月 11 日接受中視專訪時旋即又表示，「不排除並非一定要做」，而政治協商指的也是和平協議之類議題，並強調在他任期內，不管是四年或八年，他都不會與中國協商統一問題。

結語：日本與美國是台灣前途未定論的支持者

　　日本對於兩岸問題有其情感與利益的考量。台灣（或中華民國）如果獨立於中國之外，不僅符合日本的終極國家利益，也符合日本對台灣的情感。但是基於國際政治現實，日本不敢公開呼籲「台獨」與「獨台」。

　　「台灣地位未定論」的傳統版是：由於日本沒有明文宣布將台灣交還給中國，因此台灣法律地位未定，美國支持。現代版的「台灣地位未定論」講的是「台灣前途未定論」，即台灣不必然屬於中國，兩岸不存在統一的必然關係。這其實也是李登輝長期以來的真實主張，而所引用的理由就是「民主自決」。

　　簡單地說，「台灣前途未定論」這一類的主張者，不認爲中華民國的前途僅有統一一項，也應包括「獨立」。他們認爲，台灣的前途不應該受到憲法對於「統一」的約束，而應依據「民主自決」的選擇，即「統獨由台灣地區 2300 萬人決定」，

而非由「現有的中華民國憲法」約束。至於 2300 萬人的國名是叫「中華民國」或是「台灣共和國」，「民主自決派」都可以接受。

日本駐台代表齋藤正樹，應該不會反對台灣屬於中華民國的事實，他要強調的是「台灣不必然屬於中國」。他所提出台灣主權未定論，其實就是李登輝以來所創造的「台灣前途未定論」，也就是「台灣不存在必然的統一論」。

基於兩岸關係考量與國際政治的現實，在修憲方面，台灣不願觸動「一個中國」原則，又不敢公開「正名制憲」，「民主自決台灣前途」就自然只成為台灣內部政治人物為了選舉的消費品，這主張其實並沒有人敢將其落實，但是它確實是每個人都可以朗朗上口的主流意見。日本駐台代表齋藤正樹在某種意義上，只是說出了李登輝等人長期以來的主張，然而他的說法沒有進步，還是延用已經過時的「台灣地位未定論」這個名詞而已。

正如同美國是「台灣地位未定論」的始作俑者，美國也是「台灣前途未定論」的支持者。在美國的壓力下，兩岸原本希望開啟的軍事互信機制受到阻礙。馬英九在台北通過視頻連線與美國智囊機構「國際戰略研究中心」（CSIS）在華盛頓舉行的研討會中表示，美國繼續承諾對台軍售，對美台關係非常重要。台灣的國防預算將不會低於國民生產總值的 3%，台灣同中國大陸建立軍事互信機制目前為時還早。美國支持「台灣前途未定論」的依據也是「民主」，即台灣人民有權決定自己的未來。在這一點上，李登輝、馬英九與美國都持相同的立場。

「台灣前途未定論」已經成為台灣社會的主流，大多數人只是將憲法一中當成台灣的保護傘，而很少人會認真地面對

憲法一中約束的嚴肅性。台灣朝野就在這種「前途未定」的框架中爭吵。民主內戰以前吵的是有無「一個中國」的選擇，現在吵的是，要走「擱置爭議、維持現狀」的「台灣前途未定論」道路，還是「清楚通往台獨或獨台」的道路」。

或許各位讀者讀完本文，便可以更進一步了解 2008 年 10月筆者在《中國評論》撰文〈兩岸和平發展基礎協定芻議〉一文中，之所以要在前言即以「兩岸保證不分裂整個中國」做爲兩岸未來簽署和平協定的基礎的緣故，或許也更能體會筆者推動兩岸統合路徑（2009 年 4 月號《中國評論》文）工作的歷史意義。

【本文原刊載於《中國評論》月刊 2009 年 6 月號，總第 138 期】

後記：雖然兩岸關係逐漸加溫，貿易往來日趨緊密，《中國時報 2010 年 5 月 9 日報導》：馬英九近日接受美國《華盛頓郵報》專訪時表示，兩岸關係已達到一種運作無礙的「現狀」，他指出大陸在口頭上「擱置對統一的要求」，台灣淡化「獨立」主張，彼此致力於維持和平。馬英九説，「此時此刻，（台灣）人民寧可保持現狀，並深化雙方的互動，然後把統獨問題留給後代決定。台灣人民要和大陸做生意，但他們不要對岸的生活方式」。馬英九這一番話，充分表明了他對兩岸關係以及對於自己的政治定位的思考，從一個角度來看，無論統與獨，馬英九都沒有興趣碰觸，他要的就是維持現狀；從另一個角度來看，馬英九仍舊選擇站在台灣前途未定的十字路口，暫時不願意以領導人身分為人民指引一個可能的方向。

一中三憲：重讀鄧小平的 「和平統一、一國兩制」

前言：用知識尋找共識、用情懷探索交集

今天，我想重讀鄧小平，重新認識一下「和平統一、一國兩制」的思想精要，也試試看能否與時俱進地為兩岸關係的定位與走向提出一些新的觀點。

在台灣研究學會許世銓副會長的促成下，兩岸統合學會與北京清華大學法學院及中美關係研究中心於六月中旬在清華大學舉辦了一場由兩岸重要學術菁英參與、極為有深度的高水準學術研討會，討論的題目是「兩岸和平協議」與「兩岸統合路徑」。

這也是兩岸學術界第一次嚴肅地就兩岸定位與未來的和平協議進行深入學術性的討論，除了中美關係研究中心孫哲主任的專業是國際關係以外，其它參與者均是法學專家。清華大學法學院王振民院長與北京大學國際法研究所的饒戈平所長均是北京重要法學權威，對於中國大陸憲法及相關法律的認知水準自不在話下，另外清華大學法學院多位法學專家也是學界的俊彥翹楚，為了與北京學者進行有深度的對話，兩岸統合學會特別以自 2008 年 10 月起在《中國評論》由張亞中、黃光國、謝大寧、楊開煌、謝明輝等教授陸續所發表的專文，比及包括沈衛平、許世銓、俞新天、李家泉、周志懷、黃嘉村、才家瑞、張茜紅、陸鋼、牛震在內的大陸與海外學者的重要文章作為討論基礎。

王振民院長特別將他在《環球法律評論》所撰寫的〈「一國兩制」下國家統一觀念的新變化〉（2007 年第 5 期）一文

提供與會者參考。而筆者在 2009 年 3 月底出席澳門「『一國兩制』在澳門的實踐」學術研討會時，也拜讀了饒戈平教授所發表的〈一國兩制方針與憲法在港澳地區的適用問題〉一文。這兩位法學專家對於「一國兩制」的詮釋非常清晰，應該具有非常的官方代表性，也提供了我們一個討論的基礎。

與會者均了解到，如何面對中華民國的身分與地位，是兩岸定位的核心問題，這個問題不處理，兩岸幾乎無解。在兩岸的定位上，我長期所主張的是「整個中國內部的兩個憲政秩序主體」。多年的社會運動夥伴，也是所敬仰的黃光國教授，將其簡化補充為「一中兩憲」，以求清晰明朗。（請參閱《中國評論》2009 年 5 月號〈以「一中兩憲」跨越和平協議的門檻〉一文）。與會的台灣學者，也認為憲法層次關係是兩岸關係定位的必要性質，台北方面很難在這方面讓步，也同意「一個中國」（即「整個中國」）是北京不可能讓步的底線，而也是兩岸關係得以正常化與和平發展的基礎。

與會者均同意，在討論這些問題時，我們不僅要有知識，也要有情懷。知識幫助我們探尋共識，情懷讓我們以關懷、體諒、包容的態度去思考兩岸與中華民族應有的解決方案。在這樣的情境下，一場嚴肅而有深度的會議，卻是充滿溫馨與啟發。與參加其它的國際會議不同，我們縱有看法的差異，但是都知道，「我們都不是外人」，而是在討論「自己人」的難題。

兩岸問題的核心癥結已逐漸浮現，「兩制」不是核心問題，核心問題是「一國」。返回台北的途中，一直在思考，是否可以嘗試為兩岸的核心爭議找到共同的詮釋？一個看似冰火不容的問題，是否可以經由有我們的知識與情懷，找出解答

的線頭？

探索：「一國兩制」是否限定在中共憲法下的兩制？

饒戈平教授在論及港澳的基本法與中共的憲法關係時稱，「把基本法稱作特別行政區的憲法，容易導致憲法和基本法位階的混淆，在客觀上貶低或否定憲法的國家根本法的地位和職能，因此，『小憲法』之說不可取」。饒教授清楚地指出，《基本法》法源的基礎在於中共 1982 年《憲法》所增設的第 31 條，即「國家在必要時得設立特別行政區。在特別行政區內實行的制度按照具體情況由全國人民代表大會以法律規定」。按此規定，憲法允許在特別行政區實行另由法律規定的制度，即可以不必是中國大陸通行的社會主義制度。也就是說：香港、澳門特別行政區能夠從憲法上找到根據來保留自己的資本主義制度。饒教授也特別提到，1982 年《憲法》之所以增設體現與包容「一國兩制」方針的第 31 條，是為了處理好一般和特殊、全局和局部的關係。這種個別的例外是憲法所允許的，不構成對憲法的對立。以第 31 條來體現一國兩制方針，恰恰是憲法本身的一種慎重安排，構成憲法的一個有機組成部分。

饒戈平教授很清楚地說明了，北京與港澳的關係是《憲法》與《基本法》的關係，雖然《憲法》給予了《基本法》寬容的空間，但是《基本法》的源頭是《憲法》。或許可以替饒教授再狗尾續貂地補充一句：即《基本法》位階低於《憲法》，

「一國兩制」在港澳的實踐並沒有、也不可以違反「一中一憲」原則，而「一中」指的是中華人民共和國。

王振民教授也清楚地處理了「一國兩制」的時代意義。在王教授的大作中，首先界定「一國兩制」是一種新的統一觀，它是思想解放的成果，擺脫掉「武力統一、一國一制」的制約，「不再由僵化的觀念來決定國家統一，而是把社會制度和意識形態分歧放在一邊，在互相尊重對方的前提之下謀求國家的統一」，「最大限度地降低了國家統一的標準及實現國家統一的成本和代價」。

王振民教授提到「如果採取『一國兩制』實現統一，就能保證不讓台灣同胞付出任何成本和代價，台灣不受任何傷害，不僅可以餘留目前已有的一切成果，包括民主成果，還可以從統一中得到更大更多的好處和便利」。不過，王教授也在結論部分說，「『統一』要滿足哪些基本條件，儘管古今中外的認識不一樣，但還是有一些最重要的共同標準，例如政治主權的統一和憲法上的統一」。

值得敬佩的是，王振民教授提出了一個非常清楚的基礎，即「如果統一是必然的，那麼能夠維持現狀的統一當然就是最好的統一方式。至於是否叫做『一國兩制』並非問題的關鍵」。

綜觀這兩位深具代表性的法學先進，在看待「一國兩制」內涵時，共同強調「一國」內部的「主權統一」，以及「兩制」必須服膺於「一憲」。至於其它的內容均可以談。換句話說，他們的文章揭露出了根本的問題，也顯現出問題可以解決的曙光。問題在於，兩岸如何看待「一個中國」？這「一個中國」

到底是指中華人民共和國、中華民國,或是兩者加起來的「中國」,即本人所稱的「整個中國」?「一憲」指的是中華人民共和國憲法,還是中國統一後的憲法?饒戈平教授所引證的中共《憲法》高於港澳《基本法》,是否同樣也必須引用至未來在台灣實行的「一國兩制」,即中共《憲法》高於台灣的《憲法》或《基本法》?或是依據王振民教授所說的「維持現狀的統一當然就是最好的統一方式」,那麼這種最好的方式,是否當然可以包括維持兩岸現有的憲法?亦即統一後的中國,是否應該不只是尊重雙方的「政治制度與意識形態」,也包括「尊重雙方現有的憲政秩序」?

簡單地說,落實在港澳的「兩制」是中共憲法下的兩制,那麼,應用在兩岸的「兩制」是否也是中共憲法下的兩制,或者是兩種憲法下的兩制?

就本人長期在台灣的生活與觀察,如果未來適用在兩岸的「一國兩制」,「一國」是指中華人民共和國,「兩制」是指中共憲法下的「兩制」,那麼,除非兵臨城下,或台灣經濟已經殘破,台灣任何一個政黨的菁英可能均無法接受。近年來,「一個中國」與「一國兩制」不斷地在台灣被妖魔化而得以收效,其原因也在此。

兩岸關係是一個有機體,有其不變的常數,也有隨著時空而變動的新情況,在重新思索兩岸定位與展望未來時,我覺得,有必要重讀鄧小平,嘗試從他的思路中找尋一些啟發。

思考：鄧小平是從民族和平統一角度看兩岸

　　鄧小平曾說：「世界上有許多爭端，總要找個解決問題的出路。我多年一直在想，找什麼辦法，不用戰爭手段而用和平方式，來解決這種問題。……有好多問題不能用老辦法去解決，能否找個新辦法？新問題就得用新辦法。……好好了解和研究一下我們對台灣、香港問題提出的解決方式。總要在死胡同裡找個出路」。在這樣寬廣的思想下，鄧小平在 1980 年代提出了「和平統一、一國兩制」的主張。

　　在港澳實施的「一國兩制」，是「和平統一」的結果。在回歸以前，香港與澳門的主權均暫歸英國與葡萄牙。兩地沒有本身的憲法，也沒有屬於自己的中央政府，因此，「一國」的定義非常清楚，即是中華人民共和國。港澳從原來從屬於殖民國政府，換成從屬於北京的中央政府，地方政府的本質沒有改變，可是卻取得了北京巨大的包容，即容許港澳有自己的制度，實行高度的自治。簡單地說，港澳的地位不是沒有變，而是比以往提升了。

　　鄧小平思想的最終目標，也是他思想的核心原則，是希望兩岸能夠「和平統一」。「一國兩制」是工具也是安排，它的工具性目的為：一方面做為一種號召，在統一前減少人民對統一後制度是否會改變的疑慮；另一方面做為一項政策安排，做為在統一後減少統一代價而實踐的一種制度，讓人民不改變

現狀地繼續平穩生活。

　　目標與原則確定後，北京對於統一後「一國兩制」的應
有內涵也在摸索。這個原本為台灣所設計、做為統一政治訴求
的主張突然在港澳落實，北京也在適應。正如同王振民教授在
研討會時所說的，1997 年收回的只是香港的土地，而不是全
部的香港人民。當時香港居民有一半以上是持英國的證件，這
是國際法上難有的特例，但是北京不以為意，依然將其視為是
「一國兩制」可允許的獨特之處，而順利讓「一國兩制」在香
港運作。這個簡單的故事傳達一個重要的訊息，即只要目標與
原則正確，其它問題都好解決，也好妥協，給香港方便，其實
也是給北京方便。

　　台北畢竟不同於港澳。台北延續著在中國大陸南京時的
法統，它不是殖民地政府，也從來就不是個地方政府。在面對
如何適用「一國兩制」時，北京的菁英或許也可以與我一樣，
重讀鄧小平，與時俱進地詮釋與理解其思想精神。

　　如果我們同意，如何促使「和平統一」才是鄧小平思想
的核心，「一國兩制」只是為「和平統一」而服務的一項政策
設計，那麼我們就必須重新認識鄧小平，不再把「一國兩制」
當做一個定型的方式，而是一項為減少統一代價的政策，那
麼，在思考兩岸問題時，不要被「一國兩制」現有的框架所限
制住了，而應該對「一國兩制」重新認識，如此我們的思路將
可更為寬廣。

　　鄧小平提出了「一國兩制」，是因為他看到了「兩制」
之間有著暫時難以跨越的鴻溝，必須用時間解決，他有耐心與
自信地等待。鄧小平所提出的「一國」，意涵著兩岸不應該永
遠地分裂。從鄧小平的交集中，可以看出他廣闊的心胸與格

局，他是從如何促使民族和平統一的角度看兩岸，只是在那個冷戰意識形態對抗、兩岸爭正統的年代，鄧小平很自然地，也必須地將「一國」視為中華人民共和國。如果在一個和解的年代，鄧小平應該會站在民族和平統一的角度來處理兩岸的爭議，而不會多著墨於哪一個政權是正統。

鄧小平在法國勤工儉學，對歐洲有相當的認識，如果他看到今日兩岸的發展與歐洲統合的進程，我深信鄧小平會告訴世人：我主張的「一國兩制」，「一國」是指中國的主權不可分割，中國的主權屬於兩岸全體中國人民；「兩制」是指在統一後，兩岸可以各有其自己的制度，彼此尊重；「一國兩制」的精神在於為「和平統一」而服務，至於方式，不必拘泥，只要是和平就好。他會在現在的「一中新三句」：「世界上只有一個中國，大陸和台灣同屬一個中國，中國的主權和領土完整不容分割」外再加一句，「中國的主權屬於兩岸全體人民，為兩岸全體人民所共有與共享」。這四句話不是站在狹隘的本位主義，而是寬廣的民族主義立場。

我們不妨就在這新四句的基礎上重讀鄧小平的「和平統一、一國兩制」。

基礎：「一中兩憲」是兩岸定位的法理現狀

我完全同意王振民教授的看法，「維持現狀的統一當然就是最好的統一方式」，我相信這也是他深刻認識鄧小平思想

所得到的心得。「認識現狀」是一個客觀的社會學者必有的態度，即在一個事實的基礎上去討論問題。與自然學科不同，社會學科不可能在真空的理想下處理爭議，而應該把世界看成是一個有機體，它或許並不符合我們的期待，但是它卻真實地存在。如何認真地面對問題，才能真正找到解決問題的方法。基於「維持現狀的統一當然就是最好的統一方式」這個看法，我們就必須來看看兩岸的現狀是甚麼？

現狀一：兩岸各在其領域進行憲政式的治理。兩岸自 1949 年起處於分治的狀態，各依據其憲法在其領域內行使完整的管轄權。事實上，1949 年以後，兩岸的政府都沒有在對方的領域，對對方的人民行使過管轄權。一直到今日，兩岸人民進入對方領域必須尊重當地的憲政法律。

現狀二：兩岸的憲法目前仍為「一中」憲法。冷戰期間，兩岸在國際間進行著代表權的競爭，即是基於雙方在憲法上堅持一個中國的原則，並認為自己才是整個中國的正統。主張自己主權涵蓋對方的「主權宣示」，其實就是保證對不分裂整個中國的宣示。李登輝執政以後，將台灣從整個中國抽離做為其施政的主軸，其任內的七次修憲，企圖把「一中憲法」的架構完全解除。在北京的壓力與美國的限制下，李登輝僅有在組織結構部分獲得成功，憲法內的「一中」原則並沒有受到影響。後來的陳水扁雖然喊出「一邊一國」，但是憲法中的「一中」內涵並沒有因而更動。因此，就目前的情況而言，在憲法層次上，兩岸仍是持「一中」立場。唯一的差別是對「一中」定義的表述不同。

綜合這兩種現狀，兩岸關係現有的定位現狀應為「整個中國內部的兩個憲政秩序主體」，或可簡稱為「一中兩憲」。

這裡的「一中」指的是「整個中國」，即中華民國與中華人民共和國土地與人口加起來的中國，不是單指中華人民共和國，也不是中華民國。「兩憲」指的是在整個中國的土地上並存著兩個治理其居民的憲法。（請參考，筆者在《中國評論》2009年3月號，〈論兩岸與中國的關係〉一文）。

雖然兩岸在面對未來時各有其政治主張，但是兩岸目前的憲法主權都涵蓋對方，因此，如果將「一中」或「一國」視為「整個中國」，兩岸目前不已經是「一國兩制」了嗎？

疑慮：「一中」是否只是說說而已？

問題來了，大陸談的是「一國」，台灣說的是「一中」。「一國」是否等於「一中」？依據兩岸目前的憲法，「一中」是實的，在北京，一中是中華人民共和國，在台北，一中是中華民國。但是如果「一中」只是個歷史、地理、文化、血緣上的概念，那麼「一中」就變成「一個中華民族」，那麼「一中」就只是個民族文化概念，沒有憲法政治上的意義，如此「一中」就變成「虛」的概念，而不具備憲法上「實」的性質。如果是「虛」的，那麼接受「一中兩憲」就等於接受兩岸是兩個外國憲政秩序主體，接受「一中各表」也是等於承認兩岸沒有統一義務。這大概是北京不可能接受的。

北京的疑慮在於台北對於「一中」似乎只是說說而已。雖然「憲法一中」仍然存在，但是如果只是放在那兒當功能性的擋箭牌，領導人的談話與行為卻完全不受憲法約束，北京自

然會認爲，如果在這樣的基礎下接受「兩憲」，不就是等於接受「兩個外國」了嗎？

北京的疑慮不是沒道理。「一中兩憲」雖然是目前兩岸的法理現狀定位關係，「一中兩憲」也當然不等於「兩國論」。但是台北的政治人物總是有辦法將其玩成「兩國論」或「台灣前途未定論」。

「兩國論」是李登輝在 1999 年所提出，他當時用的名詞是「特殊國與國」。李登輝從 1994 年開始，將「一個中國」去政治化與法律化，而將「一個中國」視爲歷史、地理、文化、血緣上的中國（詳請見：陸委會第一份大陸政策白皮書，名稱：《臺海兩岸關係說明書》，1994 年公佈）。在這樣的定義下，「一個中國」變成了虛的概念，因此，在李登輝的論述中，兩岸是兩個沒有統一約束的國家，他所強調的「特殊」，指的是「歷史、地理、文化、血緣」上與其它國家不一樣的「特殊性」。這種「特殊性」是沒有任何憲政上的意義，例如：奧地利與德國可以說是「特殊國與國」，美國與英國間、北歐各國間都可以說是「特殊國與國」，因此，李登輝的「特殊國與國」就是「兩國論」，是屬於彼此間爲「外國」定位的「兩國論」。

李登輝視兩岸關係爲「異己關係」，這個「異己」有時「敵對」，有時「朋友」。李登輝以前視北京爲「敵人」、「對手」，現在卻說「你是你，我是我，但你我可以是朋友」，這與民進黨長期主張兩岸可以發展成一種「外國」間的「睦鄰」關係，意義是一樣的。雖然他們沒有能力修改「一中憲法」，但是從來不把對岸當成是「一中」內的「家人」。在李登輝的眼中，連國民黨都是外來政權了，何況是中國共產黨？

馬英九雖然堅持一中憲法，但是卻也不斷強調台灣未來

的前途由 2300 萬人共同決定。回顧一下馬英九說過的話：2006
年 2 月 14 日，中國國民黨在自由時報刊登廣告，表示「台灣
的未來有很多可能的選項，不論是統一、獨立、或維持現狀，
都必須由人民決定」。在 2006 年 3 月以國民黨主席名義訪問
美國的馬英九以及後來做為總統候選人的馬英九均曾發表「台
灣前途的決定，應經台灣人民的同意」之言論。2007 年民進
黨主張「入聯公投」，國民黨也主張「返聯公投」。2008 年 2
月 14 日，國民黨發表「五點堅持」的兩岸政策聲明，其中第
三點宣稱「堅決主張台灣的前途必須由台灣人民自己決定」。
馬英九的競選廣告，也主張台灣的前途必須由 2300 萬人決
定。當選總統以後，馬英九在 2009 年 5 月 29 日在出訪貝里斯
的記者會中重申「我一向都主張台灣的前途必須由兩千三百萬
台灣人民來決定」。馬英九走的是「台灣前途未定論」的路線
（請參考《中國評論》，2009 年 6 月號，本人所撰〈從「台
灣地位未定論」到「台灣前途未定論」〉），他完全忘了，依
照他宣示成為總統的中華民國憲法，是沒有台獨這個選項的。

　　簡單地說，台灣內部有兩股主流力量，一股是立場堅定
的不接受「一中」；另一股是媚俗地不敢多提「一中」，並以
2300 萬人的民意為說辭。當台灣內部自己都不敢嚴肅面對「一
中」時，北京自然也對台北的「一中」疑慮，也因而不敢冒然
接受「兩憲」。他們擔心，「一中」是否只是個裝飾品，用來
美化「兩憲」；「一中」是否是個誘餌，誘使北京接受「兩國」？
他們更擔心，如果接受「兩憲」，哪一天台灣突然透過民主程
序修憲，廢除一中，兩憲的定位還收得回來嗎？

　　中國大陸的另外一個疑慮在於對於「憲法」的認知。在

他們看來，一個國家只能有一個憲法，承認兩憲不就是等於承認兩國嗎？要回答這個問題又必須回到如何看待「一中」，如果北京把「一中」看成是「中華人民共和國」，那麼當然不可能接受「兩憲」；如果認定台北所說的「一中」，只是個民族文化概念，或是個唬弄的概念，那麼也很難接受「兩憲」。

在法理上，如果我們將「一中」看成包括兩岸領土與人民在內的「整個中國」，那麼「兩憲」不等於是「兩個外國」。正如同多聯邦國家內部各州或各邦都有自己的憲法，只是在參與或建立聯邦時，將自己的若干權力交給聯邦行使。即使交出權利後，它們的憲法還是叫憲法。因此，如果有「整個中國」這個前提，「兩憲」並不等於「兩個外國」，「兩憲」代表的是彼此平等並相互尊重對方在其領域內行使權力的權利。

總結而說，北京對於「一中兩憲」有法理上的疑慮，而更多的是政治上的疑慮。法理上的疑慮在於北京仍然不放棄他是整個中國唯一合法的政府，因此不能接受「兩憲」，政治上的疑慮在於台北對於「一中」的態度捉摸不定、搖擺不一，不敢冒然接受「兩憲」。要解決這個問題必須兩岸雙方面一起面對！

關鍵：如何讓「一中」憲法實體化

有三件事必須面對與處理。第一、站在現狀的基礎上建構兩岸未來的藍圖，即以「一中兩憲」爲基礎，這是北京方面可以思考的；第二、不要讓現狀再被錯誤或含混地解釋、不容許現狀成爲永久分離的基礎，這是台灣方面必須要重新堅持

的。第三、兩岸必須將「一中」從雙方的憲法規範，拉高到另一個具有拘束力，以使其能夠明確與清晰地規範兩岸的互動原則的協定或憲法層次，即將「一中」再實體化、再憲法化。這個超越兩岸憲法的法律架構，與兩岸憲法並存，我們將其稱之為「第三憲」，這使得兩岸在法律架構內，存在著「一中三憲」。

「一中兩憲」與「一中三憲」不同之處在於，「一中兩憲」純粹是個兩岸目前現狀定位的客觀描述，是一個在法理上維持兩岸不分裂的靜態概念，而「一中三憲」則不僅描述了兩岸的法理現狀，而且也提供了兩岸走向「和平統一」的方向與規範，是一個既處靜態、又爲動態的架構。「一中三憲」與「一國兩制」的異同在於，「一國兩制」純粹是統一後的政治安排，而「一中三憲」是有助於走向統一的統一前，也可以是成爲統一後的政治定位安排。這個代表「整個中國」的「第三憲」，本身是一個促使兩岸從現狀步入統合的憲政規範，是一種「統合式的憲法」。希望這些概念沒有太複雜，以下就容我清楚地再解釋一下。

「他山之石、可以攻錯」。對於他人的經驗，我們不需要，也沒有必要全盤照搬，但是總有些地方可以給我們一些啓發與學習。歐洲統合經驗是值得我們參考的。

歐洲共同體是人類廿世紀下半葉最偉大政治發明，他們創造了一種介於「聯邦」與「邦聯」之間的「歐洲共同體」，是一種「合中有分、分中有合」的體制。在主權問題上，歐洲共同體的基本精神是主權共儲與共享，他們透過一連串的共同體條約，將自己憲法內的某些權力交給了歐洲共同體，成立了超國家的歐洲議會、執委會、法院，也制訂了不計其數的跨國

政策。在煤鋼共同體、原子能共同體、經濟共同體條約後,他們又經歷了單一歐洲法、馬斯垂克條約、阿姆斯特丹條約、尼斯條約。進入 21 世紀,他們思考是否可以通過一個讓歐洲建立一個憲法的條約,俗稱《歐盟憲法條約》(The Treaty establishing a Constitution for Europe, TCE),簡化一下現有的程序,雖然後來沒有通過,但是目前正在等待愛爾蘭最後批准的里斯本條約卻承襲了憲法條約的精神。目前在歐盟領域早進行了四大流通,歐元是絕大多數國家共同的貨幣。或許我們要問,這是否等於統一?從傳統的國家型態來說,歐盟不是統一的國家,但是從人類發展的角度來看,歐洲創造了一個新的政治聯合體,它可以給人民提供安全、和平與繁榮,這不正是統一國家要追求的目標嗎?

兩岸情形不同於歐洲。歐洲共同體是由一群主權獨立、彼此為外國的國家所共同組成,兩岸則是中國內戰所造成,目前仍處於分治狀態。在歐洲,各個民族國家追求的是主權的「共儲與共享」,在兩岸,中國的主權原本就屬於兩岸全體人民,主權本應「共有」,不需「共儲」,追求的是如何「共享」與堅守「不分離」。歐洲國家是從獨立追求統合,兩岸則是在整個中國的架構中推動統合。

兩岸情形雖不同於歐洲,但是若干精神與經驗仍然值得我們參考。歐洲是從六個原始成員國的「多制」開始進行「統合」,兩岸也可以從「兩制」走向「統合」;歐洲可以透過超國家組織的建立來「共儲」及「共享」主權,兩岸也可以經由超兩岸共同體的建立,達到「共享」及「不分離」主權的目標。歐洲可以透過一連串的條約建立高於國家的歐洲秩序,兩岸也可以經由多個協定建立高於兩岸憲法的憲政秩序。

步驟：「一中三憲」的路線圖

我們先放開思考，不要把「第三憲」看成是一定要是一部傳統的憲法，它可以是，也可以不是。就像歐盟在 2004 年開始推動的歐盟憲法，其實是集過去已簽訂條約的總和，加以精簡補充而得，他們稱其爲《歐盟憲法條約》，它其實是一部不是憲法的憲法，它本質是條約，但是叫它做憲法。歐洲人在追求統合中，沒有被自己在 17 世紀起所發明的主權、憲法等形態所侷限，創造出對憲法名稱的新定義。依此邏輯，歐洲共同體從煤鋼共同體條約簽署那一天開始，歐洲就開始了「第 N 憲」的進程。這個 N 代表一個數字，是會員國數目加一。

歐洲共同體從 1950 年代起就開如了主權共儲與共享的工作，一連串的共同體條約，讓歐洲聯盟迄今愈來愈像一個整體。與歐洲統合的路徑是「從分到合」不同，兩岸邁向第三憲的路徑則是，一開始就應確定彼此不可分離性，至於未來的路線則可參考歐洲統合的精神，依需要而進行，讓整個中國的內涵愈來愈豐富，第三憲的權威愈來愈大。

筆者曾在〈兩岸和平發展基礎協定芻議〉一文中，呼籲兩岸簽訂基礎協定，而在此一協定中，開宗明義即應約束雙方「承諾不分裂整個中國」（請參考《中國評論 2008 年 10 月號》）。透過這個有約束力的協定，「一中」對於兩岸已不再只是各個憲法的自我約束，而是相互對堅守「一中」的承諾與保證。在筆者看來，未來的兩岸和平（基礎）協定，不僅是結束

敵對狀態、開啓兩岸關係正常化的一個協定而已,它其實是兩岸進入「第三憲」的第一份文件,因此,未來的兩岸和平(基礎)協定,本身就是第三憲的一部分,而且是基石。

兩岸未來可以透過不同的政治性協定,共同分享原本就是屬於兩岸全體人民的主權。筆者在〈論兩岸統合的路徑〉(《中國評論》2009 年 4 月號)一文中所提出的七個夢想,即是爲兩岸在文化、貨幣、身份、經濟、安全、國際空間等議題上達成高於兩岸管轄權的政策,或搭建高於兩岸憲政的共同體。未來的兩岸協定就像一根根的支架,涉及政治性的協定是柱樑,事務性的協議是壁牆,當「第三憲」的權威愈來愈高,兩岸不就是自然成爲一體了嗎?

「第三憲」可以是一部傳統的憲法,但是目前或近期的未來,看不出有實踐的可能。因此,最佳的方法還是用搭橋建樓的方式,依兩岸實際需要,一步一步往前走、往上推,就像《歐盟憲法條約》一樣,未來的「第三憲」也可以透過建立一個「中國憲法協定」(The Agreement establishing a Constitution for China, ACC)完成。

目前國際間的普通規則是,條約效力優於國內法律效力。兩岸情形也是一樣,協定效力優於兩岸內部法律。「一中三憲」的「第三憲」,基本上規範兩岸之間關係,它等於是兩憲上面的大帽子或大屋頂。原有的「兩憲」並存,亦即「兩制」並行。從這個角度來看,「一中三憲」不就是「和平統一、一國兩制」的另一種表述與實踐嗎?

結語：解放思想、找尋大路

　　兩岸目前的法理現狀爲「一中兩憲」，當兩岸簽署和平基礎協定，包括雙方承諾不分裂整個中國、兩岸爲憲法上的平等關係時，其實就已經進入「一中三憲」，即「和平統一、一國兩制」的機制。各項統合政策都是在豐富「一（整）個中國」的內涵、讓「第三憲」逐漸取代兩岸「兩憲」的功能。至於能夠取代多少，需要時間多久，這不是法理或學術可以回答的，這要取決於兩岸的共同努力。

　　兩岸關係是海內外全體中國人的大事，對此重大問題，我們有必要解放思想，開大門、找大路。2009 年 6 月間兩岸統合學會在與清華大學舉辦研討會時，我們爲自己所設的要求是「請益之旅」。我們帶著列印出來的研究成果向北京的菁英先進們請教，看看是否能夠在知識上可以找出一些解決的方法。北京學者的意見與文章，讓我再重讀鄧小平。「一中三憲」就是在聆聽諸位先進高見與拜讀大作、對鄧小平所提「和平統一、一國兩制」的反思及重新認識後，對兩岸定位與走向觀點的再思考、補充、與說明。

　　謹以此文，再次就教於兩岸及海外華人先進！

【本文原刊載於《中國評論》月刊 2009 年 8 月號，總第 140 期】

共同體：兩岸統合與第三憲的樑柱

前言：兩岸交流無助認同？

筆者所提《兩岸和平發展基礎協定》中第五條是「兩岸決定在雙方同意之領域成立共同體，以促進彼此合作關係」。（詳請見，《中國評論》2008年10月號）。如果說，兩岸「承諾不分裂中國」是兩岸統合與第三憲的基石，那麼「共同體」就是兩岸統合與第三憲的樑柱。本文申論如下。

2009年9月上旬，出席由全國台灣研究會、中華全國台灣同胞聯誼會與中國社科院台灣研究所在南京共同舉辦的第十八屆海峽兩岸關係學術研討會。在會議中，旅美資深的熊玠教授與兩岸著名的張麟徵教授，不約而同地在他們的論文中提到一個問題，即為何馬英九上台以後，支持統一的民眾並沒有增加，支持台獨者反而增加？

熊玠教授在其大作〈論「台灣地位」與「一個中國」之關聯與正當性〉一文（全文另可見《中國評論》2009年8月號）中引用台灣《遠見》雜誌2009年5月份的民意調查，「贊成『終極統一』人數的下降率，比贊成『終極獨立』人數增加率高過近三倍」，並稱「這個現象，在其他機構（譬如《中國時報》）主辦的民調結果也得到旁證」。張麟徵教授在其〈暗礁難擋激流：論和平發展的目的與過程〉一文中也將《遠見》雜誌從2003年10月到2009年5月間有關統獨的民調做一分析後明確地表示：「支持統一的支持度最低8.3%卻是出現在馬英九執政周年時」（註：2009年5月民調為：台灣民眾統獨立場：維持現狀56.4%、獨立25.4%、統一8.3%；民眾終極統獨觀：48.5%認

爲最終應該獨立、16.2%認爲最終應該統一）。

　　熊玠教授認爲，造成這樣的結果主要原因是「由於民進黨自 2001 年以來有系統『反中國化』（甚至篡改教科書）的作爲與理論蠱惑民眾所導致的結果」。張麟徵教授則稱「我們不禁要問，爲什麼馬英九執政，『獨』的勢力反而更爲上竄？是因爲馬英九主張『不統』、『獨台』的加持嗎？」，並認爲兩岸認同已經出現了嚴重的問題。

　　2009 年 7 月 2 日，民進黨籍的梁文傑先生在《中國時報》發表〈當李登輝重拾『柔性台獨』〉一文，明確地表示，「過去一、二十年的真正趨勢是，『兩岸交往越多，界線越明』，獨派團體的憂慮並沒有成真，北京的期待也證明只是幻想」。梁文傑先生並引述台灣《聯合報》的民意調查稱「在 1997 年，外省族群中有五成六自認爲是中國人，只有兩成二自認爲是台灣人，到了 2009 年，只有兩成四自認爲是中國人，四成五自認爲是台灣人」。

　　梁文傑因此下結論稱：「所以，只要有耐心，時間其實是站在台灣這一邊的。台灣獨立於中國畢竟已經六十年了，只要沒有強制性的大中國教育，絕大多數人都會希望保有我們現在的生活方式和政治制度。如果我們能把台灣現狀再保持幾十年，誰還會贊成統一，中國又還有什麼動力來推動統一？」梁文傑最後更加肯定「柔性台獨」的策略，因爲「『柔性台獨』是對既成事實的延續，是用『保台』的名義在『促獨』，很難反對，『硬性台獨』則是打破現狀，不留模糊空間。『柔性台獨』在國際上容易找到朋友，『硬性台獨』則容易遭到聯手打壓」。

　　熊玠、張麟徵教授與梁文傑先生雖然政治立場迥然不同，但是他們都客觀與清楚地看到了問題的癥結，他們看到了兩岸認同的撕裂已經逐漸發展成一條讓兩岸最終走向分離的鴻溝，這個鴻溝並沒因為兩岸物質性交流的密切，或馬英九的執政而有縮減的趨勢，反而是逐漸擴大。兩岸目前的執政當局如果不能在方略上做些調整，「時間」這個因素不見得有利於中國大陸所期盼的「和平統一」。

認同問題所在：分隔、對立、操弄與恐懼

　　認識問題、理解問題，才能找出問題的解決方案。我們先來看看問題出在哪裡？大陸方面當然也有責任，不過，作為一位台灣學者，我想談一下台灣方面的問題。

　　第一、兩岸長期分隔。1895 年是中國近代史上沈痛的一年，台灣自此離開了中國的懷抱，日本開始殖民 50 年，直到1945 年台灣光復重回中國，但是台灣與中國政治連結在一起只有短短的四年，1949 年以後，國民黨政府被迫來台，兩岸又開始斷裂。由於蔣介石的大中國情結與堅守中國文化的教育，讓台灣人民在心理上仍然與中國連在一起，但是兩岸的人民畢竟生活在不同的體制。1980 年代末兩岸民間開始有了接觸，但是這種接觸並沒有強化彼此的認同，反而在接觸後，感受到彼此已有的巨大不同。一直到 2009 年的今日，兩岸在長達 114 年的分隔期間內，僅有短短是四年共有中央政府，其餘都是各自為政。110 年是一個甚麼意義的數字？如果以 30 年為一個世代計算，兩岸分開已經是將近四代了，即使是 1949

年到台灣的外省族群，也已經 60 年，整整兩代過去了。如果
我們同意，時間與距離總會在人與民族的記憶中扮演若干角
色，它們可以讓彼此更加團結，例如猶太民族的經驗；也可以
讓彼此愈行愈遠，英美就是個例子。長達百年的兩岸分離，在
蔣經國過世以後，台灣的領導人選擇了分離主義，而長達百年
的分隔事實，給了他們可以操弄的足夠土壤。

　　第二、兩岸內戰延續的對峙。一個深化兩岸認同歧異的
因素在於兩岸 1949 年內戰的延續。由於兩岸處於政治對峙，
「仇共」成爲絕大多數人民的共同認識，兩岸透過長期歷史文
化傳播教育，臺灣民眾對於中國大陸在心靈深處變得愈來愈陌
生，也愈來愈疏離。當兩岸還沒有接觸時，台灣還可以區分「中
國」與「中共」的不同想像，但是隨著兩岸交流開始，台灣民
眾開始了解兩岸的制度與價值有不小差距，「中國」與「中共」
也變得很難區分。隨著時間的拉長，以及中國大陸政治經濟力
量的崛起，中共在國際間愈來愈代表「中國」，在台灣的人民
已經失去了再擁有「中國」話語權的力量，也就自然而然地選
擇遠離中國，從此，不僅是兩岸政治認同繼續折裂，兩岸的「文
化認同」都快速發生變化。

　　第三、台灣有操弄的政治力。1970 年代，在台北的中央
政府被迫退出聯合國及與美國斷交，失去了國際上的政治正當
性，蔣經國的策略是透過發展經濟與深化民主的成果來強化國
民黨政府在中華民國的統治正當性。隨著台灣經濟成長，社會
力開始出現，然後是政治力的產生，台灣最終選擇走上民主。
民主不可沒有選舉，只要有選舉，就會有利益的爭奪，但多以
公益之名行之。很遺憾地，台灣出了李登輝與民進黨的陳水扁

兩位政治人物，他們都是以「台灣利益」掛帥、「台灣優先」為名，分別以「仇中」、「愛台」做為打擊異己、奪權的工具，以「台灣主體性」與「一邊一國」做為分離主義的立論依據。這一段操弄的歷史太長，本文不再多說（可參考本人所撰〈從「台灣地位未定論」到「台灣前途未定論」〉一文，《中國評論》，2009 年 6 月號）。即使馬英九在 2008 年以七百多萬票當選，仍然不敢挑戰李、陳兩人所建構的論述。從任用賴幸媛擔任陸委會主委可以看出馬英九仍舊將李登輝當成是兩岸論述的精神奶媽。當今的國民黨已無 1980 年代以前對於統一中國的豪情壯志，「偏安」卻反而已是共識。民進黨雖然暫時在野，依然沒有更改其台獨立場，只是由「硬性台獨」轉向「柔性台獨」。「偏安」（即等於「獨台」）與「柔性台獨」兩股力量占據了台灣政治版圖。如果沒有強而有力的政治力量強力扭轉，兩岸長達 110 年的分隔事實就繼續有可能成為分離主義的溫床。

第四、台灣有操弄所需要的恐懼。1949 年起兩岸處於分治，初期台灣仍有收復山河的戰鬥準備，但是從 1954 年與美國簽署《中美共同防禦條約》開始，台灣已經完全依賴美國的安全保護，簡單地說，台北對於北京有安全上的恐懼。即使在與美國斷交後，台北仍然期盼美國能夠繼續維護台灣的安全，《台灣關係法》給了台灣人民一些安全的感覺。即使冷戰結束，兩岸開始民間交流，台灣朝野在安全的思維上，仍然將美國當成是虛擬的安全同盟者，或是安全的依賴者。對美軍購就是一個顯著的例子，軍購的真實意義不是為了安全的實質防衛，而是一種為了滿足自由安全感而願意付出的保護費心理。

無論在人口、土地面積，台灣較之中國大陸都小很多。

1990 年代起，中國大陸經濟快速起飛，政治地位亦相對重要。由於北京方面迄今仍然不願意正視中華民國，而以「一國兩制」做爲「和平統一」後的政治安排。在這項安排中，台灣將只是中國大陸憲法中的一個「特別行政區」。因此，中國大陸經濟與政治力量愈大，台灣愈感受到可能被統一的恐懼。在台獨眼中，北京任何的惠台政策，也有可能被詮釋爲賄台政策，而被視爲是經濟統戰，目的在把台灣完全吸收消化。ECFA 在台灣遭到質疑與反對，正是這種恐懼心理的反射。

認同的差異 ： 國族與制度的認同分歧

「認同」（identity）是一個很複雜的概念，national identity 一詞可以視爲民族認同、國族認同或國家認同，其內容也可以包括對現有生活制度的認同。在兩岸關係上，「認同」問題包括「國家認同」、「民族認同」、「制度認同」三種認同。「國家認同」指的是對國家憲政、國號的認同；「民族認同」指的是民族面的認同；「制度認同」指對現有憲政體制的認同。

在討論兩岸間的認同關係時，首先提出「水平性重疊認同」（horizontal overlapping identity）與「垂直性重疊認同」（vertical overlapping identity）兩個概念。「水平性重疊認同」指的是現有多個主體間對彼此相互並存的認同。「垂直性重疊認同」則特別是指一個國家或民族主體對其歷史的縱貫認同，或作爲分裂國家的一方對其未分裂前原有母國的認同。運用在兩岸關係時，筆者曾經提出「整個中國」、「中華民國」與「中

華人民共和國」三個主體的概念。（詳請參考〈論兩岸與中國
的關係〉，《中國評論》，2009 年 3 月號）「水平性重疊認
同」指的是在「國家、民族、制度」上，既認同中華民國，也
認同中華人民共和國。「垂直性重疊認同」指的是在「國家、
民族」上，兩岸認同自己與分裂前的整個中國，以及對未來統
合後的共同體或統一後的國家的「國家／共同體、民族、制度」
產生認同。

　　在這三種認同中，在國家認同上，兩岸之間目前不存在
著對國家的「水平性重疊認同」，雙方政府不允許人民同時擁
有兩岸的國籍。

　　有關民族認同的問題有些複雜。首先，兩岸之間對於同
屬中華民族的認同問題不大，即在民族認同面，兩岸存在著「水
平性重疊（相互）認同」。雖然台灣內部有些人希望建立獨特
的台灣民族史觀，但是效果有限。不過，由於民族認同往往與
國家認同混在一起，成為國族認同（例如瑞士內部有四大族
群，但是瑞士建立了屬於瑞士的國族認同），因此，從民意調
查中有時很難區分回答的是民族認同還是國族認同。在台灣，
這個問題在民意調查中往往以「你認為你是中國人？台灣人？
或兩者均是」出現。當只回答是「我是台灣人」時，表示受訪
者將台灣做為國族認同的對象，他們或許可以接受自己是中華
民族的一份子，但是不願意承認自己是中國人，他們認為只有
在中國大陸的人民，或認同中華人民共和國的人才是「中國
人」。當只回答「我是中國人」時，絕大多數是單純的民族認
同，也可能包括對中國的國族認同，這些人基本上是反對台獨
的堅定支持者。當回答是「我是中國人，也是台灣人」時，有
兩個可能。第一、純粹的民族認同，即認同兩岸都是中國人，

第二、對台灣（或中華民國）有國族認同，對大陸有民族認同。

目前還沒有一份民調可以很清楚地釐清國族認同與民族認同的差別。台灣政治大學選舉研究中心 2008 年 12 月的調查顯示，「我是台灣人 50.8%；我是中國人 4.7%，我是中國人也是台灣人 40.8%」，相較為 2008 年 6 月這三個數據依次為：46.5%，3.4%，45.4%。各位讀者可以很輕易地從數據中了解到兩岸目前在民族與國族認同上的差異，也了解到馬英九上台半年後，認同「我是台灣人」的比率爬升的情形。

兩岸在制度認同上的差異是很明顯的，北京也是充分明瞭到兩岸制度方面的差異，因而在化解「制度認同」對「民族認同」或「國家認同」的障礙時，鄧小平先生在 1983 年提出「一國兩制」的主張，同意給予台灣高度的自治權。

總結而言，兩岸在國家認同上完全沒有交集；民族認同的交集很大，但是當與國家認同合流為國族認同時，分歧就開始出現；制度認同的交集很小。

如果缺少認同，兩岸會愈走愈遠，我們應該如何在兩岸認同上趨同化異？特別是如何強化「我是中國人，也是台灣人」的民族認同比率，如何將「國家認同」轉化為「憲政認同」，如何在「制度認同」上也可以建立共同的認同？在談自己的看法以前，先看看兩岸目前政府是如何處理這個問題。

兩岸目前的方案：不足解決認同問題

第一種方案是期望透過憲政機制來解決分裂與認同問

題。中共處理這個問題的官方版本是「一國兩制」。由於北京不接受中華民國在法理上仍然存在的事實，因此在認同問題上，只容許台灣對自己制度的認同，但是台灣也必須服膺於中共所代表的國家與民族認同。

「一國兩制」容許台灣享有高度的自治，但非「完全自治」。台灣可以有自己的軍隊、保留現有的政、經、社體制及享有司法決策權，惟其前提是兩岸必須先共組一個國家。站在統合的角度來看，「一國兩制」與「聯邦制」一樣，都是一種「由上而下」的統合，一開始就透過憲政機制來完成統合，而不把統合當成是一個追求統一的過程。從認同的角度來看，主張這種以機械方式重建認同者認為，應將先創設「國家認同」作為首要目標，在「國家認同」的共識建立後，自然可以透過現有的憲政機制，容易地解決彼此間對「民族認同」與「制度認同」的歧異。在聯邦制的國家容許各邦擁有自己的憲法與制度，並透過參議院與眾議院的設計，讓全國都能在制度上產生一致與協調。「一國兩制」則是在「制度認同」上更為寬容，容許兩制長期並存，期望讓時間來自動解決制度認同問題。

基於兩岸目前在國家、民族與制度方面的認同，都已經有著折裂與斷裂的情形，因此直接地以機械式的方式強迫建構對新國家的認同，是很難為台灣人民接受的，這也是為什麼台灣民眾對「一國兩制」總有高達七成以上的比率不表贊同的根本原因。因此，冒然地以「一國兩制」方式建構新的國家認同，會有相當大的困難。

第二種統合的方式為功能性的途徑。功能式的重建認同指的是經由功能性的合作，以逐漸增加彼此的了解，而增加相互間的認同。它與機械式建構認同途徑不同的是，它認為垂直

性重疊認同的另一個主體（統一後的中國）會隨著功能性的合作而自然出現，原有的主體（如兩岸）會自動地消失。屬於一種「由下而上」的統合。

中華民國政府在1990年代初期為兩岸未來所設計的藍圖《國統綱領》，以近程、中程、遠程三個階段對邁向統一的描繪正是反映出功能主義的實踐路徑與理念。2008年5月馬英九先生執政以後，雖然口頭上已經不再談論國統綱領，但是在兩岸關係的思路上，還是依循功能合作的路線，主張兩岸應該務實性的交流，先經濟後政治，循序漸進。北京雖然在立場上沒有放棄「一國兩制」，但是在作法上也採取「和平發展」策略，也同意兩岸在各項議題上「先易後難」，換言之，北京在推動兩岸互動時，也不排除將功能性的合作做為追求統一的策略。

功能主義最早提出的目的，是希望為人類創造一個可以運作的和平體系（a working peace system），在理論上有兩個重要觀點：一是強調「互賴」會自動擴張的邏輯性；另一是人民對國家的忠誠態度會改變。

功能主義的倡導者梅傳尼（David Mitrany）以「分枝說」（doctrine of ramification）來強調功能合作的擴張性，也就是某一部門的功能合作會有助於其他部門的合作。亦即一個部門的合作是另一個部門合作的結果，又是另一個部門合作的動因。當幾個國家建立共同市場後，就會產生一種壓力與要求，推動他們在價格、投資、保險、稅收、工資、銀行以及貨幣政策等方面進行合作。最後這些功能部門的合作將會形成一種功能性的互賴網，逐漸侵蝕到政治部門，使得民族國家的獨立行

動能力降低，甚而最後會吞噬政治領域。因此，開展功能性合作能夠改變國際動向，增進世界和平。將功能主義用在兩岸上，即表示隨著日益密切的合作，兩岸最後會形成一個互賴體系，政治力量將愈來愈難杯葛兩岸關係的進展，而使兩岸可以達到永久的和平。另外，當人民覺得從功能性的機構中可以得到他們從民族國家所不能得到的需要時，他們即會將原來對國家的忠誠轉移到對功能性組織的效忠，如此將有利於國際統合。

國統綱領在近程階段所描繪的「以交流促進了解，以互惠化解敵意」到中程階段「開放兩岸直接通郵、通航、通商…」基本上就是功能主義的一種實踐。而最後進入遠程階段「協商統一」更是將彼此對現有國家的忠誠轉移到一個新的主體，也就是統一後的新國家。

以功能主義方式建構新的認同，本身也有其理論的困境。有人認為互賴的體系並無法降低國家間的爭端，功能性的統合反而有可能使兩國間的議題政治化。例如，目前政府間爭議的焦點多已轉移到功能性的議題上，像是經濟、貿易、環保等問題，而不再侷限於有關領土或主權等傳統的議題。但是在這些功能性問題上，功能性的組織體系並不能較之在國家體系內更有效的解決，多數問題還是需要國家來協調解決。再則，戰爭的原因很多，單憑功能組織或功能合作，並不足以消弭戰爭。功能合作固然會強化不同成員國的共同利益，建立互惠互利的關係。但是在過程中也有可能出現利益衝突，緊張情勢有可能發生，反而引起戰爭。

這一點在兩岸關係上也顯得格外明顯。台灣對於大陸的認同與兩岸互動頻繁增加並沒有正相關的關係，從陳雲林來台

遭民眾嗆聲事件，馬英九執政以後，認同自己是中國人的比率
反而繼續降低，均可以爲證。

　　其次，對有關對國家忠誠態度可以轉移看法的批評在
於，要從技術、經濟層面的功能合作達到轉移人類效忠對象的
目的，實在是很困難，在人民心目中，主權與國家仍舊扮演著
很重要的角色。從兩岸的交流也可以清楚的看出，台灣民眾對
於國家的認知與忠誠並沒有消退，台獨力量也沒有消失而只是
暫時蟄伏。在恐懼被經濟統一的心境下，對於中華民國的國家
與憲政制度，儘管它的本質已經有了改變，認同反而更爲堅
持，對於統一卻更感疑慮。從民調支持終極統一的民眾只剩下
16.2%即可以證明。兩岸交流雖然日益頻繁，但是對於大多數
台灣人民而言，這與其它國家的互動並無不同，正如同台灣與
很多國家也有大三通，也有經貿協議。因此，他們支持兩岸經
貿密切交流，但是不會願意改變自己的認同對象。

　　簡單地說，兩岸目前功能性合作與交流固然有助於改善
兩岸關係，但是並不能夠有效地解決兩岸在認同上的分歧。其
間變數太多，也不能確保兩岸未來的和平發展。因此，我們必
須再想想看，有沒有其它更好的方案可以參考。

歐洲的經驗智慧：共同體方式推動統合

　　經歷過兩次世界大戰的歐洲，一直在思考如何爲未來的
歐洲創造出永久的和平與發展。當時有二個想法，第一、機械
式的統合，即仿效美國，成立一個由歐洲現有國家所成立的歐

洲合眾國，讓歐洲合眾國成爲未來「歐洲的祖國」，歐洲自然
永久和平。這個想法爲聯邦制的統合方式，但是已經享有數百
年的歐洲主權國家，還沒有準備放出自己的主權，因此歐洲聯
邦的構想也就胎死腹中。第二、功能性的統合，即採取功能主
義的邏輯，歐洲國家開始透過功能性的合作，讓彼此共存共
榮，透過功能性的合作，讓各個主權國家自動失去其政治影響
力，最後達到歐洲的永久和平。不過，歐洲的菁英們很清楚地
了解到，功能性的合作並不能解決主權問題的爭議，只要某一
國家基於國家利益阻礙合作，合作就會結束，因此，他們認爲
僅是功能性的合作是不夠的。歐洲菁英因此在戰後一開始就否
決了單獨採行兩岸現在的方案，而是將兩者合而爲一。

在要討論歐洲統合時，容先解釋一下，爲何用「統合」
而不用「整合」一詞的理由。

Integration 與 Community 是討論兩岸關係與區域主義經
常使用的英文字，Integration 有譯爲「整合」或「統合」，大
陸的翻譯爲「一體化」；Community 可譯爲「社區」、「社
群」與「共同體」。精確的譯名可以反應出對於事務的描繪，
因此，在有關社會、文化、經濟等「社群」的結合，可以稱之
爲「整合」，但是如果已有超兩岸機構、兩岸共同政策的出現
時，則宜譯名爲「統合」。基本上「統合」與「共同體」屬於
一類，「整合」與「社群」屬於另一類。

因此，我們稱歐洲統合，而不稱歐洲整合，因爲一開始，
歐洲共同體即以超國家與跨國家的組織出現，屬於「共同體」
的性質。而其它國際組織，如東協（ASEAN）、亞太經合會
（APEC）、「東協加一」與「東協加三」目前均仍然處於「社
群」的「整合」階段，談不上有「統合」行爲，也還沒有形成

一個「共同體」。

　　從以上的定義來看，隨著兩岸人民的密切往返互動、經濟貿易金融的快速流週，兩岸在社會經濟事務上早已「整合」，也已形成一個兩岸的「社群」，但是由於並沒有「超兩岸機制」（類似歐盟的執委會、議會、司法）與「共同政策」（類似歐盟的共同農業政策、單一市場、歐元……等），兩岸還沒有進入「統合」階段。

　　再回歸主題。理論本身有排它性，但是實踐卻是可以綜合各理論之所長。戰後的歐洲菁英並沒有在「機械式統合」或「功能性統合」兩者中選擇一個，而是取兩者之長。歐洲創造了另一種新的政治聯合體，即「歐洲共同體」。推動的代表人物是法國政治經濟學家和外交家莫內（Jean Monnet），這位不論是被稱之為「歐洲榮譽公民」、「歐洲第一公民」或是「歐洲之父」的先驅者，他對於歐洲統合的影響可以說是非常重要的。在信仰上，他是個聯邦主義者，但是在實踐上，他卻是個功能主義者。1950 年 5 月，他與當時的法國外長舒曼(Robert Schuman)，建議各國將煤鋼工業的權力交託給一個獨立權力機構，成立一個歐洲煤鋼共同市場。法、德、義、荷、比、盧六個國家於 1951 年簽訂了成立歐洲煤鋼共同體（ECSC）的條約。在歐洲煤鋼共同體順利運作的鼓舞下，1957 年成立了歐洲經濟共同體。

　　歐洲從此進入了統合的軌跡，一連串的共同體政策與條約，讓歐洲共同體逐漸分享每個成員國的主權權力。經由歐洲共同體，歐洲人重新凝聚專屬歐洲人認同。在民族與制度上，認同幾乎沒有差別，在國家認同上，雖然每個人都有自己的祖

國認同，但是他們也接受了同屬歐盟的「國族認同」。

理論探索：透過統合與共同體強化認同

歷史的發展並不是依照人類發展出來的理論行進，相反的，理論往往是在檢視歷史發展中所得到的結論。歐洲統合中的新功能主義就是在這樣的情境下誕生。從新功能主義中，我們可以看到歐洲統合經驗可以為兩岸帶來甚麼樣的啟示。

新功能主義與功能主義一樣，都強調功能性合作的重要。與功能主義只強調技術性的合作不同，新功能主義者更強調政治性合作與主導的重要與不可或缺性。在新功能主義者看來，功能主義集中在技術性、無爭議性的事務，是無法有效達到統合的目的。新功能主義也認為，行為者會逐漸政治化。開始時各行為者會在若干技術性或不會引起爭論的範疇內進行合作，但日後他們逐漸發現，唯有將較多的權威讓與集體決策機構，或向其他相關功能領域擴大其合作範圍，才能達到他們所想要設定的目標。所以當合作範圍日益擴大，在國家主權與超國家決策之間的選擇日益明顯時，原始的合作也就逐漸向具爭議性的部門進行。這種行為者「逐漸政治化」的發展，使得原來只是在經濟部門的統合，提升到政治方面的統合。

統合經由學習、擴溢（spill-over）與效忠轉移（loyalty transferring）三個階段。擴溢的概念類似於學習，但是也是學習的結果，強調一個功能部門向另一個功能部門的擴散。

在統合的過程方面，功能的「擴溢」是新功能主義的核心觀念。在觀察煤鋼共同體時可以發現，歐洲菁英最初對共同

體支持者不多，但在從煤鋼共同體中獲得好處的經驗，使得他們願意支持歐洲其他方面的統合，而讓「統合部門的擴張邏輯」（the expansive logic of sector integration）產生。這種「擴溢」的效果就是功能合作所產生的結果，一方面是菁英份子經過學習過程，瞭解功能合作的益處，修正了觀念與行為；另一方面是功能合作使得資源與利益重新得到了分配。

總結來說，統合的過程是首先從功能性部門的合作開始，然後它會逐漸擴溢至其它相關部門，其間透過跨國家或超國家機制的運作，最後擴展至政治性較高的部門。新功能主義則是針對功能主義的自動外溢（automatic spillover）的核心概念提出修正，新功能主義認為外溢的功能並不是自動產生的，其需要一些條件（例如政治菁英對於整合利益的認知，國際壓力等），甚至需要一些政治性條件的配合（例如主權問題的妥協）才可能向政治性較高部門外溢，否則甚至會產生溢回（spill-back）的情形。當然，如果碰到政治菁英刻意杯葛，統合更會溢回。

從新功能主義的理論中，可以得到若干結論。第一、學習效果。任何功能性的合作本身都是一個學習過程，透過彼此的學習，大家可以了解到合作所帶給彼此的利益。合作本身也是一種認同的建構過程，透過合作，彼此學習認識與了解對方，而減少對彼此的排斥，為共同認同奠定基礎。

第二、要啟動共同體機制性的合作。合作最好是透過一個固定的常設機制運作，這也是莫內所強調的。莫內非常強調建立超國家機制的重要，他認為「歐洲的聯合不能僅是建立在善良願望的基礎上，還必須制定各種規章，⋯⋯我們應留給後

人的是一些組織機構,組織機構的生命力比個人的生命力加起來要大得多。這些機構若能好好地建立起來,就必可集人類智慧的大成,世代相傳,永無窮盡」(孫慧雙譯,《歐洲第一公民:讓‧莫內回憶錄》,成都出版社,1993 年,第 447 頁)。機構會累積共同的經驗,而變得愈來愈有智慧,機構一經建立就會產生實質性的影響,這是一般只能產生形而上影響的理念或個人善意所無法相比的。

　　事實也的確如此,歐洲和平談了好幾個世紀,其間有國家與國家的合作,也有領導人的合作,但是一直到 1950 年代建立了歐洲共同體的具體架構時,才真正為日後歐洲統合打下了基礎。機構的成立對歐洲統合的發展是絕對深遠的。這一點對於兩岸有著更大的啟示,如果兩岸的合作只是建立在領導人的善意或政黨的合作,這是不夠的,必須要創造兩岸共有的機制,當它有了生命力以後,它會自動發展,並使兩岸關係往不可逆轉的方向發展。

　　第三、政治性條件的重要。不要過於樂觀地認為兩岸互動會愈來愈深,而必須認知到政治性的障礙還是需要政治性的解決,否則兩岸的合作會產生「溢回」現象。兩岸關係中有國際因素與台灣內部的台獨因素,這些不利於兩岸良性發展的因素都是蠢蠢欲動。因此,為了兩岸和平發展,兩岸領導人必須要勇敢地處理一些敏感的問題,包括兩岸的定位與走向。同樣的,統合能夠啟動也必須仰賴政治菁英的推動。歐洲統合經驗顯示,一般歐洲人民對於統合是處於被動的狀況,其原因是因為統合涉及利益的整合分配、組織機構的建立,只有菁英才有能力處理如此複雜的問題。從歐洲統合的歷史進程來看,所有重大的里程碑都是歐洲菁英所推動。因此,在兩岸統合過程

中，兩岸領導菁英如何為統合創造條件就變得很重要。

第四、統合可以創造認同。新功能主義所謂「效忠轉移」，指的並不是放棄對自己認同，而轉移到新的認同。新功能主義所強調的認同轉移，其實是一種「垂直性認同」的建立，即初期階段不僅保留對自己國家、民族、制度的認同，更發展出對所有成員所組成共同體的認同。以歐洲統合為例，由於歐洲共同體分別在共同農業、商業、環保、單一市場…等政策上制定統一的政策，讓每一個成員國在制度上逐漸產生認同。另外也創造出歐元等具有象徵及實用性的歐洲貨幣，讓所有成員在自己原有國家的認同外，再增加了對整個歐洲，即歐洲聯盟的重疊性認同。在兩岸事務上，兩岸可以先保留對自己的認同，也開始強化對整個中國的認同，也就是「我是中國人，也是台灣人」的認同。

重回問題：「一中三憲」與「兩岸統合」可以化解認同危機

認識與理解了上述所提出三個認同問題何以產生的原因所在，下一步就必須找出問題的解答方向。首先，我們必須承認兩岸超過百年的分隔歷史是一個不能輕忽的因素，但是我們也不必完全悲觀，畢竟中華民族悠久的文化連結，不是百年就可以完全切斷的，兩岸經濟地緣關係，也有助於兩岸進行經濟文化統合。因此，只要處理方向正確，所推出的政策能夠強化兩岸的共同認同，那麼百年分隔不是一個不能克服的障礙。

　　其次、在克服操弄政治力方面，在台灣現有的媚俗民主文化下，目前暫時看不出台灣現在有，或可見未來的政治人物與政黨有意願與能力，敢於挑戰現有「台灣主體」論述。因此，北京必須扮演引導者的角色，為兩岸如何創造雙贏、兩岸如何共有主體，共享主權建立可運作的框架（a working framework），而不僅是期待台灣領導人或政黨能有甚麼樣的突破性作為。北京要思考如何在論述或行為上將台灣拉回中國，而讓台灣的政治人物沒有操弄台灣主體性的理由與市場。北京要建立一套「中國是兩岸中國人的中國」、「中國主權屬於兩岸全體中國人民」的論述。這也是本人在《一中三憲》（請參考《中國評論》2009 年 8 月號）一文中建議，北京在「一中新三句」之後應該再加上第四句「中國的主權由兩岸人民所共有與共享」。而其具體的作法就是推動兩岸在相關領域建立共同體的機制，透過共同體機制的運作，可以減弱未來操弄台獨的空間。

　　最後、在化解台灣的恐懼方面，必須先了解台灣方面不斷強調「尊嚴」與「對等」正是因為台灣對於兩岸大小實力對比差別的恐懼。在台灣已經失去了統一中國的信心，轉到擔心被併吞時，北京的日益強大正好坐實了這樣的恐懼。由於北京迄今不願意正視中華民國，台北擔心的是「一國兩制」的解釋權是掌握在北京的手中。北京若能掌握「平等而不對稱」的精髓，承認中華民國的憲法地位，將台北視為兄弟平等（憲法與憲法關係）而非父子從屬（憲法與基本法關係）關係，台灣的恐懼將可從根本上化解，在同意兩岸為憲政平等關係後，北京方面將可更理直氣壯地要求台北依據憲法不可偏離「一個中國」的立場。

　　大陸朋友在討論兩岸問題時，往往基於禮貌而不便當面質疑的一個問題是，兩岸無論在土地、人口、經濟、政治實力的差別都很大，爲何中國大陸要與台灣平起平坐地推動統合。

　　如果從現實主義所強調的權力來看，大陸朋友的看法或許沒有錯，但是如果用這的思維去思考兩岸關係，那麼兩岸就掉入了以力解決的邏輯，或許可以解決問題，但是不盡然是一個好的結果。畢竟我們在思考兩岸關係時，要的並不僅是一個結果，而應該是個好的結果。

　　我們看看歐洲的經驗，荷比盧三個國家較之德法義三個國家小了許多，但是彼此之間都可以平等地啓動歐洲統合，成立共同體。兩岸不是外國關係，而是整個中國內部關係，是兄弟關係，應該更沒有理由不平等相待。

　　其實大陸朋友可以換個角度來想，不是台灣太小，而是大陸太大。除了極少數幾個國家，世界上絕大多數國家與中國大陸相比都是小國。台灣有 2300 多萬人口，放在歐洲也可以排入第七大。另外，在兩岸的對比上，也不盡然台灣在每一點均不如大陸。兩岸如果是兄弟關係，其實不必計較這麼多，兩岸能夠擺脫分離陰影，經由統合推動統一才是最重要的。

結語：讓共同體成爲「兩岸統合」與「第三憲」的樑柱

　　兩岸統合不同於歐洲統合，歐洲統合是以各個主權獨立國家爲基礎進行統合，兩岸統合是在整個中國的框架內進行統

合。但是歐洲統合的經驗是值得兩岸深刻思考的。

　　兩岸存在著國家認同、民族認同、制度認同三個面向的
認同問題。共同體的成立，讓兩岸共同開始學習與分享制度的
認同。兩岸如能在文化、經濟、貨幣、國際參與上建立共同體
機制（請參考《論兩岸統合的路徑》一文），經由兩岸共同管
理與處理兩岸全體中國人的相關事務，自然也會有助於強化對
「一中」的認同。「一中三憲」容許兩岸在整個中國的框架內，
以兩憲為基礎，共同創建第三憲。「一中三憲」可以為兩岸在
國家、民族認同的差異提供了解決之道。兩岸可以對自己的憲
法制度有認同，但是也可以經由共同體的設置與運作，逐漸強
化對第三憲的重疊認同。簡單地說，在處理兩岸憲政認同問題
時，最好用加法，而不要用減法或排除法。

　　「一中三憲」是兩岸法律的框架，而「共同體」則是讓
整個框架是否能夠更堅實的樑柱。透過兩岸協議所形成的共同
體愈多，兩岸統合的實質內涵就愈豐富，而這些協議都是「第
三憲」的基礎。

　　新功能主義強調政治性因素的重要。台北在面對「台灣
前途」時必須思考，第一、北京不可能容許台獨，任何以台獨
為終極目標的思考與策略必不利於己；第二、尋求一個能夠放
大台灣影響力的策略，讓台灣在未來的中國建構過程中能夠扮
演重要的影響力。北京在面對「和平統一」問題時，也有兩點
可以思考，第一、北京放棄「武力統一」，而選擇「和平統一」，
就必須接受「統一必須是一個漸進的過程，不可能一步到位」，
因此必須找尋統一的路徑；第二、北京與其主導統一後的形
式，不如務實地引導統一的進程。如果北京能夠建構一個有助
於統一的有機架構，那麼就不必要擔心台灣未來是由哪個人或

政黨來執政了。

　　兩岸統合就是站在這樣的基礎上為兩岸與整個中華民族的未來著想。透過《兩岸和平發展基礎協定》的簽署（請參考《中國評論》2008 年 10 月號文），相互承諾不分裂整個中國，並相互尊重彼此的憲政秩序，然後就是在各個領域建構各式各樣的合作與共同體機構，讓彼此相互學習、合作。共同體就是鞏固兩岸未來合作與發展的樑柱，其結果不止是兩岸人民共利，兩岸的認同也將因而強化，當兩岸在各個領域均逐漸融為一體時，兩岸問題也就自然解決。

　　本文雖然談的多是認同問題，但是我以「共同體：兩岸統合與第三憲的樑柱」為本篇命名，是論述，也是期盼。「兩岸統合學會」的職志是推動兩岸「統合」，而非以「整合」為滿足，我們希望的是可以建立「兩岸共同體」，而不僅是一個文化、經濟、社會交流的「兩岸社群」而已！

【本文原刊載於《中國評論》月刊 2009 年 10 月號，總第 142 期】

論建立兩岸互信

前言：一切始於互信

「建立互信、擱置爭議、求同存異、共創雙贏」16 個字是胡錦濤先生一年來在不同場合不斷強調的兩岸互動原則，在這 16 個字當中，為首的就是「建立互信」。這意涵著北京的觀點：「建立互信」是兩岸關係能夠順利和平發展的基礎與前提。本文即嘗試對「建立互信」這四個字做深入探討。

2009 年 9 月 12-13 日承蒙中國社會科學院台灣研究所余克禮所長的安排，兩岸統合學會有機會與台研所及大陸方面的學術菁英就「兩岸和平發展路徑」進行觀念的交流。這是兩岸統合學會繼 2009 年 6 月與清華大學法學院與中美關係研究中心共同舉辦「兩岸和平協議」研討會後的再一次重要對話。

長達一天半的研討會，16 位台灣學者與 20 多位大陸學者共同思考著兩岸的合理定位與未來的走向。台灣的參與者都是各學術領域的重要學者，北京的對話夥伴更是大陸學術界的第一旗手。坦白而言，我們獲益很多。能夠促使我們坐在一起，毫無保留地坦誠交換意見的原因在於，我們彼此相信對方有誠意為兩岸和平發展找尋一條雙方都能接受的合理路徑。是這項基本的「互信」，才使我們有機會進行客觀與深度的對話。

北京研討會後，一行轉赴上海，也感謝上海社科院黃仁偉副院長與東亞所章念馳所長的安排，兩岸統合學會有機會與這兩個上海的重要學術單位共同舉辦「上海世博與兩岸關係」研討會，再與近 20 名上海的菁英進行對話。

兩場研討會均有不同的討論議題，但是圍繞著會議的核

心問題其實只有一個，就是兩岸如何才能夠建立互信。「互信」
必須根基於「了解」，愈能深入了解，愈能建立互信的路徑，
研討會就在這樣的認知中進行。與會者共同深信，沒有互信，
兩岸和平發展路徑根本無法啓動；沒有互信，路徑即使啓動，
沿路必是荊棘重重，隨時可能會停滯或逆轉。互信是社會和諧
互動的基礎，更是兩岸關係能否正常化的關鍵。

　　「建立互信」在兩岸討論已經有十餘年了，它已成爲兩
岸在互動中朗朗上口的經典名詞，但是落實在現實政治中，它
卻是以變形的面貌出現。兩岸都在講互信，但是所做出來的
事，卻讓彼此減低互信。以下我們就先來簡短地回顧一下，十
餘年來在兩岸對於互信的討論與實踐情形，可以發現，它是多
麼地脆弱！

一個中國是北京接受互信機制的前提

　　「互信機制」一般包括政治上的和平協定與軍事互信機
制兩個部分。1996 年台海危機過後，在美國的建議下，李登
輝要求台灣內部開始就「信心建立措施」（CBMs）進行研究，
陸委會與國安單位開始分別委託學者就兩岸軍事交流、軍事互
信等機制進行專案研究。美國智庫也從 1998 年起提出「中程
協議」（Interin Agreement）、「臨時協定」（Modus Vivendi）
等有關和平協定的主張。

　　這一股有關互信機制研究的風潮一直延續到 2002 年，即
陳水扁主張「一邊一國」前。陳水扁雖然繼續在 2002 年、2004

年和 2006 年的《國防報告書》，不斷拋出「建構台灣軍事安全互信諮詢機制」等議題，但是已經沒有多少人會認真地看待，相關研究成為政府照顧意識形態相近學者的另類贊助，真正認識兩岸問題的學者對此已經不再討論了。

2005 年 4 月在野的國民黨主席連戰訪問大陸時，與中共總書記胡錦濤發表新聞公報稱「促進正式結束兩岸敵對狀態，達成和平協定，建構兩岸關係和平穩定發展的架構，包括建立軍事互信機制，避免兩岸軍事衝突」。

2006 年馬英九在其歐洲之旅時表示，如果 2008 年國民黨執政，將與大陸協商兩岸和平協定的架構，進而建立兩岸軍事互信機制。2008 年 5 月馬英九上台後，確實將建立兩岸軍事互信機制和簽署和平協議列為重要施政目標，行政院長劉兆玄在其施政報告中列入「協商兩岸建立軍事互信機制」及「簽署和平協議」。同年 6 月國防部長陳肇敏稱，已訂出建立兩岸軍事互信機制的政策草案，將分近、中、遠程三階段進行。

2008 年底胡錦濤先生在紀念《告台灣同胞書》發表 30 週年的講話中，正式回應了馬英九的看法，認為「兩岸可以適時就軍事問題進行接觸交流，探討建立軍事安全互信機制問題」，並再次鄭重呼籲，在一個中國原則的基礎上，協商正式結束兩岸敵對狀態，達成和平協議，構建兩岸關係和平發展的框架。

馬英九 2009 年 5 月 9 日在接受新加坡媒體專訪指出，若能在 2012 連任，不排除觸及兩岸政治議題的協商。但是馬英九在 5 月 11 日接受中視專訪時旋即又表示，「不排除並非一定要做」。至於兩岸建立軍事互信機制一事，馬英九也修正了他原本的立場。7 月初在訪問巴拿馬時說「應該做，但時機還

沒到」。10 月 5 日陸委會主委賴幸媛再稱，兩岸建立軍事互信機制的條件還沒有成熟。這些談話顯示，馬英九在和平協定與軍事互信機制兩件事的立場上已經退卻。

這一段長達十三年的過程，反應出了一些問題。第一、北京何種情形下才會對互信機制提出正式回應？第二、爲何馬英九在好不容易等到胡錦濤正式回應後又轉爲退卻？

先嘗試回答第一個問題。在北京的眼中，自 1993 年 9 月推動進入聯合國起，1994 年 4 月李登輝發表「生爲台灣人的悲哀」的言論、1994 年將「一個中國」去政治化、1996 年大選、1999 年主張的「特殊國與國」都充分顯示李登輝已經是一個有分離傾向的台灣領導人。陳水扁在 2002 年提出「一邊一國」，明確地認爲兩岸是毫無任何關係的兩個外國。在這樣的基礎上，台北方面政府與學者對於互信機制的研究基本上是拿冷戰時期東西方如何建立信心措施做爲參考。這樣的研究本身沒有多大實用參考性價值，它的功能反而是在塑造一個台灣有意願與大陸建立互信機制、只是北京不願領情的意象而已。但是，在北京看來，這樣的研究與呼籲其實是在「自慰」或「吃北京豆腐」，北京怎麼可能在兩國論的基礎下推動互信機制。

美國智庫在 1998-1999 年間，透過各種研討會的方式提出「中程協議」等方案，以李侃如（Kenneth Lieberthal）爲例，他在 1998 年 2 月主張兩岸同意簽署 50 年不變的「中程協議」，50 年間台灣不宣佈法律上的獨立，北京亦明示不使用武力對付台灣。何漢理（Harry Harding）在 1999 年 4 月也提出兩岸應該簽署包括相互不武與不獨保證的「臨時協定」。但是由於一方面這些中程協定或臨時協定沒有明確地處理目的性，即兩

岸最後到底是統或可獨；另一方面由於李登輝的分離傾向立
場，北京方面對這樣的建議，沒有任何正面回應。

對於北京來說，「一個中國」原則是核心與基本立場，
沒有這一點，兩岸互信機制是無法建立的。連戰與胡錦濤可以
在 2005 年 4 月發表有關「……結束兩岸敵對狀態，達成和平
協定，……建立軍事互信機制」的聲明，其原因在於北京認為
連戰是堅持「一個中國」者，所以彼此在核心問題上有共識。

嚴格來說，1996 的大選只是李登輝的獲勝，而非國民黨
的獲勝，2008 年才真正是國民黨獲得第一次大選的一年，北
京也放下了心中的大石頭。2008 年底胡錦濤的「胡六點」所
以會對馬英九就建立軍事互信機制做出正式與正面回應，其理
由也在於相信馬英九及所屬的國民黨是持「一個中國」立場。
但是，第二個問題又來了，馬英九為何在有關和平協定與軍事
互信機制問題上突然又內縮了。

台北對「一個中國」立場產生猶豫

馬英九為何退卻，這牽涉到兩個方面。第一、馬英九對
於要否，或能否堅持「一個中國」已經開始猶豫了。經歷了李
登輝與陳水扁長達十餘年的「台灣主體性」與「去中國化」的
政治與教育操弄，「一個中國」在台灣已經被高度妖魔化，甚
而連國民黨內部也已經接受了李登輝所創造出來的論述。馬英
九與國民黨是靠著陳水扁的貪腐，而不是依靠自己的論述與願
景而贏得政權。馬英九缺乏自己的中心思想論述，他一方面接
受了泛藍的「九二共識」，另一方面又以選擇賴幸媛擔任主委

來接受李登輝的路線。這種企圖對泛藍、泛綠討好，對北京不得罪的作法，其實把馬英九帶入了困境，最後落得三面都不討好，他在藍軍中聲望下降、泛綠也不支持他，北京雖然不斷地在經濟政策上幫忙，但是也逐漸查覺到馬英九的問題。

馬英九的討好路線其實是一種零論述，相對的，北京的論述一直很清楚，即必須在「一個中國」的原則上建立兩岸政治互動。在胡錦濤正式提出「和平協議」與「軍事互信機制」時，馬英九反而猶豫了。經歷台灣內部十餘年的意識形態民粹操弄，馬英九也已經接受了「台獨」可以是台灣人民的可能選項。另外，他也擔心如果接受「一個中國」，對於國民黨的選舉與他的連任可能不利。隨著馬英九的民調逐漸降低，他愈來愈不敢碰這個問題。「拖」因此成為了馬英九的戰略主軸，國安單位已經多次開會所擬妥的各項軍事互信機制方案，也就只好放進抽屜。一言以蔽之，馬英九目前沒有論述、也缺乏勇氣來處理和平協定與軍事互信機制等政治性議題了。

馬英九為何退卻的第二個原因在於美國認為時機還不成熟。1949 年退居台灣的國民黨政府，依賴美國成為唯一的選擇。美國的戰略佈局，限制了台灣的選擇空間。不客氣的說，如果美國不同意，台北方面的領導人大概不敢與北京就和平協定與軍事互信機制進行協商。美國對於亞太安全有其自己的規劃，從維持兩岸和平角度來看，美國雖然贊同兩岸建立軍事互信機制，但其戰略意圖在於維持台海穩定，防止任何一方單方面改變現狀。美國目前還不會願意看到一個以「一個中國」為原則、保證不分裂整個中國為目標的和平協定，也不會接受一個可能損及美台軍售的軍事互信機制。

2009 年 4 月 22 日，馬英九在總統府通過視訊連線，與美國智囊機構「國際戰略研究中心」(CSIS)，有關台灣關係法研討會的紀念活動中呼籲美國政府繼續履行台灣關係法。他還說，兩岸建立軍事互信機制目前爲時還早，台灣希望與中國大陸優先處理經濟議題。馬英九並表示，美國繼續承諾對台軍售，對美台關係非常重要。5 月 9 日馬英九在接受新加坡《聯合早報》專訪時再明確對軍事互信機制表態，「這個議題太敏感，涉及台灣與美國關係，我們主要的軍備是來自於美國，因此我們非常謹慎」。馬英九連續的一番話，讓兩岸軍事互信機制的討論暫時胎死腹中。很明顯地，從馬英九的表態可以看出，目前美國還沒有爲和平協定與軍事互信機制開綠燈。

北京的紅線在哪裡？

福建省平潭島南方的潭南灣，臨海突出一座將軍山，巨岩交錯、形勢險峻，最高處佇立「三軍聯合作戰演習紀念碑」。這座紀念碑源於 1996 年春針對台灣第一次大選而進行的軍事演習，前中共總參謀長張萬年曾率領 108 名將領登山觀戰，在漫天烽火中探視對台軍演，該山因而被稱之爲「將軍山」。

相對的，李登輝充分地利用北京飛彈試射的機會，大肆宣導台灣人當家作主的理念，結果讓他以過半數的選票，當選第一位民選總統。解放軍面對冷戰後的兩岸第一次變局，其結果是不了了之，只留下了「將軍碑」做爲紀念。2009 年 8 月間，考察海西期間，我特別登上了這座將軍碑所屬的「將軍山」，看到了山壁上「捍衛統一是我天職」幾個大字，讓我深刻地想

了想，如果北京把台灣的全民直選總統視爲是分裂國家行爲，
爲什麼1996年的恫嚇只是虛幌一招而已？北京的「一個中國」
論述出了甚麼問題？北京不惜使用武力的紅線到底在哪裡？

　　1996年的總統大選以前，北京認爲如果台灣舉行全民選
舉總統，就是跨越了紅線，因此，不停地文攻武嚇，但是在展
示飛彈試射後，最後還是接受了台灣可以民選總統的事實。北
京的行爲證明了，原先設定的紅線其實並不是紅線，而結果卻
是爲李登輝累積了大量的政治資產與聲望。

　　李登輝看穿了北京的困境，1999年再一次測試北京的紅
線。7月9日李登輝藉由德國之聲訪問的機會，宣稱兩岸爲「特
殊國與國」的關係。由於李登輝從1994年起就把「一個中國」
去政治與法律化，因此，李登輝的「特殊國與國」，其實就是
兩岸爲外國意義的「兩國論」。北京再一次憤怒，當時的總理
朱鎔基以嚴厲的口吻進行文嚇，但是也僅止於文嚇而已，沒有
任何軍事行動。北京的行爲再一次證明，北京新設定的紅線並
不是真正的紅線，而結果是陳水扁贏得了總統大選。

　　陳水扁上台以後，他的中心思想與李登輝完全一樣，做
爲李登輝的追隨者，他雖然在美國要求下提出「四不一沒有」，
但是在做法上卻是根本性地排除「一個中國」。2002年8月2
日在日本東京舉行的世界台灣同鄉會年會上，陳水扁透過視訊
會議提出「一邊一國」，把李登輝的「特殊的」三個字都拿掉
了。這已經是明確地表明兩岸是兩個不同的國家。按道理，北
京應該是忍無可忍了吧，但是，北京仍然選擇了自制。北京的
行爲再一次證明，北京新設定的紅線還不是真正的紅線，而結
果是陳水扁又成功地累積了抗中的資產，也證明了「一邊一國」

是可以主張的。

　　2004 年陳水扁的獲勝，讓陳水扁更深信他的「一邊一國」是社會主流，接續李登輝開始進行認同改造工作。陳水扁任命杜正勝擔任教育部長，運用教育行政的權力與資源，大刀闊斧地蠻幹起來，拆除了懸掛了幾十年之久的小學標語「做個堂堂正正的中國人」。以教育部行文給所有具有「中國」名稱的學校，要求「正名」，也就是把「中國」兩字拿掉。召集全國高中校長會議，告訴校長們開羅會議不具國際法的約束力，認同「台灣地位未定論」，並把「台灣地位未定論」列入高中歷史教科書，供師生討論。簡單地說，從李登輝開始的「去中國化」教育在陳水扁手中繼續貫徹，台灣人民對於中國的認同也就愈來愈薄弱。「一邊一國」並沒有引發兩岸衝突，「去中國化」的教育與政策，已使得台灣人民認同發生變化，國民黨做為一個當時的在野者，也選擇了媚俗的「獨台」路線，兩黨所差的只在於國民黨緊抱著「中華民國」這個招牌，卻不改糾正「去中國化」的種種行為，也躲在「一邊一國」的論述下，以「一中各表」做為擋箭牌。國民黨清楚地選擇了李登輝的路線。

　　北京匆忙再劃一條紅線，希望明確告訴台灣「紅點」在哪裡。2005 年 3 月 14 日北京公佈《反分裂國家法》，言明只要台灣走上台獨，就一定依法使用武力。北京或許不了解，台灣正在進行的是一場新的國族建構大工程（請參閱，謝大寧，〈國族建構與台灣前途未定論〉，《中國評論》2009 年 8 月號）。這一場國族建構是要用時間來建構，以等待中國大陸或國際情勢的變局做為收割的機會點，台灣不會愚笨且冒然地宣佈台獨。北京宣示《反分裂國家法》後，台灣的「去中國化」與國族建構仍然在如火如荼地推進，在形式上，這並不是法理

台獨，但是在認同上，卻是為「台獨」鋪路。《反分裂國家法》要處理的是一個形式上的台獨，無法處理的是實質上的台獨。

在北京公佈《反分裂國家法》兩個月後，5月14日，台灣舉行任務型國代選舉，決定是否要進行修憲。依照這次修憲的條文，如果通過修憲的話，國民大會這個機制將從此消失，以後的任何修憲都必須經過台灣地區2300萬人以公投決定。從憲法的法理來看，憲法的基礎已經變動了，因此該次修憲如果通過，就等於是「法理台獨」入憲。為了阻止這次修憲通過，「民主行動聯盟」清楚地看出這個問題的嚴重性，率先出來反對，特別邀集150名學者專家，以「張亞中等150人聯盟」參與這次修憲。無奈在國、民兩黨聯手贊同修憲下最後是功敗垂成。不過，也反應了一個問題，如果下次台灣再修憲，台灣人民以公投同意時，《反分裂國家法》是否認定這是紅線？

2007年，陳水扁推出了「入聯公投」。北京沒有明確說明，這是否還是不屬於《反分裂國家法》的範疇，「入聯公投」是否為紅線？經歷過十餘年的在野，且已經失去論述的國民黨，也跟著提出「返聯公投」，北京不能也不願背書，但是北京似乎也不能做些甚麼。2008年，在包括「民主行動聯盟」在內等民間團體的大力呼籲與努力下，兩個公投都沒有過，北京鬆了一口氣，新的紅線沒有被檢驗。不過，我們是否可以試著想想，如果兩個公投都通過了，北京會怎麼樣反應呢？是不惜武力衝突？還是一陣文攻武嚇後又算了？

我們可以問一個問題，從1996年到2008年，為何北京的紅線一直往後退？是因為台灣的李登輝、陳水扁、民進黨，甚而台灣人民敢於博奕，還是北京的紅線出了問題？

爲什麼北京的紅線一直往後退？

　　爲什麼北京的紅線一直往後退？客觀地說，北京的論述出現了問題，一方面它並不符合兩岸的現實狀態，另一方面，北京在行爲上默示接受台北存在的事實，但是在法理立場上不承認台北的作法，都給了李登輝以降的政治人物們極大的操弄空間。李登輝等人抓住北京論述與行爲的矛盾點，猛在矛盾處上打。

　　兩岸自 1949 年起分治，做爲內戰延續的一方，北京認爲中華人民共和國政府是代表中國的唯一合法政府。在北京眼中，台北只是個已經失去絕大部分領土的流亡政府，中華民國已經不存在了。在「和平統一、一國兩制」的結構裡，中華民國的憲法必須消失，統一後的台灣可以不變，地位可以高於港澳，但是法源與港澳一樣，都是從中共的憲法第 31 條得到新的法源。簡單來說，從法律層面來看，北京視現在的台北爲流亡政府，統一後的台北爲高度自治的地方政府。

　　不過，事實卻是：雖然中華民國自 1971 年起失去了在國際上的正當性，但是它必竟還是以一個憲政秩序主體存在著。它的憲政秩序仍舊依據的是 1946 年在中國大陸通過的憲法，即使目前有效管轄面積與人口縮小，但是國際人格並沒有改變。它之所以在國際間成爲一個不完整的國際法人，並不是因爲在法律面有任何不足，是因爲國際政治的現實所致，簡單地說，是北京打壓與杯葛所致。

　　北京這種不願面對中華民國事實存在的論述給了台灣政

治人物極大可以操弄的空間。當李登輝揮舞著「重返聯合國」大旗,當時的國民黨非主流派沒有人敢於公開反對。北京的打壓又完全符合李登輝的戰略目標,北京打壓愈強,李登輝愈好操弄,兩岸認同差距就愈大。可是依照北京的立場,不可能不打壓,因此,一種漩渦式的結構形成,北京也跳不出來了。這個結構的形成,一方面是李登輝的刻意形塑,但是另一方面,也是北京的「中華民國已經滅亡」的論述,給了李登輝形塑結構的理由與助力。

1996 年台灣大選,應該算是冷戰後兩岸關係的第一次變局。依照北京當時的論述,台灣直選總統就等於台灣已經是個另外的國家,因此文攻武嚇,但是李登輝很簡單地就說服台灣人民支持他,理由是,中華民國是個主權獨立的國家,為何不能在自己的土地上,用人民直選的方式選出自己的總統?北京最後選擇不動武,除了避免戰爭外,北京或許也查覺到,「總統直選」與「台獨」之間並沒有必然的關係。北京的「一個中國」受到挑戰,可是並不願改變其立場,不過,北京的文攻武嚇卻成為李登輝最有效的借力,讓他過半數當選,取得了絕對的統治正當性。

1999 年,當李登輝提出兩岸關係是「特殊國與國關係」時,兩岸關係進入第二次變局,北京究竟要如何反應?依據當時各單位所做的民意調查,過半數都表示支持,他們並無法區分兩岸與中國這麼複雜的法律關係 (請參考,張亞中,〈論兩岸與中國的關係〉,《中國評論》,2009 年 3 月號),但是絕大多數的台灣人民不會否認自己是屬於中華民國,在他們眼中,中華人民共和國當然是一個國家,可是中華民國不是個國

家是甚麼?自此以後,1990 年代初期,馬英九在國統綱領時所創造的「模糊政治實體」概念,已經徹底被「兩個國家」所取代,李登輝與民進黨已經拒絕再用「政治實體」為台灣定位了。北京的「一個中國」開始面對「國家與國家關係」論述的挑戰。可是,這時北京的根本立場仍然沒有改變,還是不願正視中華民國存在的事實。

北京開始微調論述,2000 年 8 月 24 日中共副總理錢其琛在會見聯合報系訪問團時首次公開提出「一個中國原則」的「新三句」詮釋,即「世界上只有一個中國、大陸與台灣同屬一個中國、中國的主權與領土不容分割」。其中第二句不同於以往的「台灣是中國的一部分」。「一中新三句」釋放出了善意,但是由於北京是全中國的合法代表、台北只是地方政府、以及「一國兩制」的論述仍然存在,因此,「新三句」的論述在台灣無法超越、更無法壓制「台灣主體性」的訴求。民進黨刻意不看「新三句」,猛攻大陸是要吃掉台灣的北京主流論述。

新繼任的陳水扁繼續抓住這個北京論述「內外有別」矛盾的機會,強化台灣人民應該當家做主的「國家論述」。2002年陳水扁提出「一邊一國」,是兩岸關係的第三次變局,可是北京依然沒有動作,是準備不夠?還是出師無名?如果依照北京的憲政邏輯,台灣領導人已經宣佈「一邊一國」,完全觸動紅線,北京應該不惜武力解決才是?可是北京也了解,如果在1999 年沒有用武力解決,2002 年也沒有理由。

陳水扁在第二任期開始了烽火外交,強力衝撞北京的論述。陳水扁與民進黨非常了解,他們不是要打倒北京的論述,他們也沒有這個能力,但是他們可以利用北京論述的盲點,不斷突顯台灣主體性的重要與必要。北京論述的盲點,也是最講

不清楚的地方，就是「中華民國到底是甚麼」？

　　2007 年的「入聯公投」主張「以台灣名義加入聯合國」是陳水扁的最後一搏。國民黨不敢迎戰，在自己也缺乏論述的情形下，匆匆推出個「返聯公投」，問人民「您是否……贊成以中華民國名義、或以台灣名義……申請重返聯合國及加入其他國際組織？」國民黨配合民進黨的做法，證明了長達十餘年李登輝論述在台灣內部的全面掌控。

　　2008 年的兩項公投都沒有通過，馬英九也登上了大位，但是台灣人民對於中國人的認同並沒有增加，支持台灣獨立的卻愈來愈多，這說明了，馬英九即使贏得了選舉，但是李登輝的論述，以及他所創造的結構漩渦卻是愈來愈強。北京也是這個結構的共業一份子而不自覺。

　　北京應該了解，近十餘年來，台灣人民只有兩種選擇，不是選擇李登輝的論述，就是選擇北京的論述。北京「不願意接受中華民國」的論述給予泛綠無限大的操弄空間，連泛藍都擋不住。北京如果不能及時修正補強，提出新論述，民進黨永遠有利用的機會，他們只要不停地問，台灣不是一個國家是甚麼？台灣是不是北京的地方政府？這些問題只要一日不停，兩岸的情感與認同就繼續拉大。這是兩岸的悲劇，可是它卻真實地存在著。

　　如果說，從 1993 年開始，兩岸進入論述的對決，北京的「一個中國」與台北「台灣主體性」的對決，雙方都是輸家，台灣陷入意識形態的內耗，經濟發展裹足不前；大陸沒有得到台灣人民的認同，兩岸認同快速折裂。北京與國民黨應該認真提出一套能夠擺脫或吸納李登輝的論述，可以讓兩岸都可以雙

贏的論述邏輯。

沒有核心共識就沒有互信

　　從 1996 年以後，台灣學術界在政府的引導下開始研究如何建立信心措施問題，但是總是在技術與程序問題上著手，完全沒有碰觸到核心。這些研究大都集中在兩個方面：一是提出各種建立互信的方案。包括：第一、宣示性措施，例如兩岸宣示和平方式解決問題；第二、溝通性措施，例如建立熱線等危機處理機制；第三、透明化措施，例如公佈白皮書、軍事演習前通知對方、資料交換、觀察演習等；第四、限制性措施，例如限制邊界的軍備與數量；第五、查證性措施，例如空中檢查與實地檢查等。二是強調「先易後難」、「先簡後繁」、「先外圍後中心」等步驟的秩序性。即主張兩岸可以從簡單的地方開始，透過相互信任的累積，逐漸再來處理最核心的「一個中國」問題。

　　必須要很坦率地說，這樣的思維只是把世界各國「建立信心措施」的內容與方式照抄一遍，而沒有深刻思考問題的本質。我想問的是，我們要追求的是一個真正、可長可久的互信，還是一個為了處理目前可能的衝突，而建立的互信？在我來看，前者才是真正的互信，後者只是為了各自利益的權宜之計。

　　我們就回到「信心建立措施」的原始理念，看看它是如何形成。「信心建立措施」的概念最早出現於 1975 年的「歐洲安全暨合作會議」所達成的「赫爾辛基最終議定書」，其中最重要的一份文件就是「信心建立措施暨安全與裁軍文件」。

這裡不談文件內容，要問的是，為甚麼冷戰期間東西歐國家願意簽署這份代表著建立互信的最終議定書文件？

二次世界大戰過後，東西歐的疆界出現了一些變化，德國分為東西德兩個國家，俄羅斯與波蘭的疆界西移。二戰後緊接著就是冷戰的開始，一直沒有一個「和平條約」來處理戰後的領土與主權問題。到了 1975 年的「歐洲安全合作會議」，東西歐終於確定了戰後的主權與領土，因此，「赫爾辛基最終議定書」在意義上其實就等於是二戰後歐洲的「和平條約」。在這個「和平條約」中，蘇聯與華沙組織得到了西歐對於其主權與領土的確認，因此才願意與西歐國家進行「信心建立措施」。簡單地說，由於東西歐對於核心問題已經有了共識，才有互信機制的產生。

這個簡單卻是重要的故事告訴我們，如果兩岸不能夠在核心問題上取得共識，兩岸不容易建立真正的互信。1993 年兩岸可以進行「辜汪會談」，因為至少台北在國統綱領中宣示了「一個中國」立場。又為甚麼海基海協兩會自此以後協商逐步破局，關鍵當然在於台北方面逐漸偏離「一個中國」的軌道。北京在主觀上不接受「中華民國存在事實」的論述，在台灣政客操弄下，也間接助長了這個軌道的偏離。

海基海協兩會所建立起來的機制，本身就是一個「互信機制」。從它運作迄今可以看得出來，它是異常的脆弱。如果對於「一個中國」及其內涵沒有共識，那麼所謂的「互信機制」將會淪為是技術性的安排，不可能依靠它們建立真正的「互信」，它們充其量只是個聊勝於無的措施，宿命地在「建立－破裂－修補」中循環發展。

　　不同於東西歐經由「歐洲安全暨合作會議」達成共識。
西歐各國從 1950 年代開始推動共同體。維持與推動這個共同
體的精神就是彼此對於「和平」的共識。在西歐各國眼中,「和
平」已經不僅是一項「政策」或「手段」,更是一項「價值」
與「信仰」。由於歷經第一、二次世界大戰,死傷了千萬人後,
歐洲人終於深刻地體認到不應該再有戰爭,因此,他們第一個
成立的共同體就是「煤鋼共同體」,由成員國共同來管理戰爭
所需要的煤與鋼。反觀兩岸,「和平」迄今為止,還僅是一項
「政策」或「手段」而已,離「價值」或「信仰」還遠得很。
北京方面,在追求和平統一時,仍舊不放棄使用武力;台北方
面在呼應和平發展時,也不忘大量購買軍備。何以至此?或許
是仗打得還不夠、內戰所留的血還不足、親人的傷痛還不夠深
到足以喚醒兩岸政府與人民。北京保留最後使用武力權,台北
期望有台獨的選擇機會,以至於雙方沒有認真地感受到需要建
立真正「互信」的需要。

　　要建立互信,絕不能不提「一個中國」,也不能只是停
留在「一中各表」。「各自表述」源於「相互信任不夠」。兩
岸應該追求的是「一中同表」,即共同對於「一個中國」這個
核心問題進行雙方都能接受的表述。唯有如此,兩岸才能建立
真正的「互信」,也唯有如此,「和平」才有可能從「政策」
或「手段」轉為「價值」與「信仰」。在「一個中國」原則下,
大家都是中國人,自然沒有中國人打自己兄弟的道理。

沒有自信就沒有互信

　　一個沒有自信的人是不容易相信他人的，國家也是如此。隨著中國大陸近年的經濟快速發展，北京愈來愈能夠展現出它的自信。面對詭譎多變的世局、逐漸走向分離的台灣，北京仍能堅定地主張「和平發展」，這就是北京自信的表現。社科院台研所願意與兩岸統合學會就「一中三憲」進行討論，而不以「一中一憲」做為前提，不就是自信的表現嗎？

　　反觀台灣，網路戲稱「不到台灣，不知道文革還在搞」卻是十足傳神。意識形態民粹式的動員讓台灣內耗十餘年，迄今沒有停止跡象。北京的論述成為泛綠可以操弄的代罪羔羊。1970 年代以前，台灣還有與北京「爭正統」，「爭誰才是真正中國」的氣魄，但是在與美國斷交後，處於劣勢的台灣逐漸失去自信，不再敢多談「一個中國」。在北京獨佔「一個中國」的論述下，台灣也被迫選擇新創論述。在北京不願意承認中華民國存在的事實時，台灣方面就必然用「強化台灣主體性」來武裝自己。簡單地說，對北京的「受威脅感」助長了「台獨」。「台獨」與「獨台」是一種「逃」的哲學，「逃」起因沒有自信面對挑戰。

　　北京雖然已有較多的自信，但是還是沒有接受中華民國仍然存在的自信。北京擔心，如果接受中華民國的法理存在事實，是否等於接受了「兩個中國」。兩岸目前的確在法理上仍處於內戰的延續，中國大陸在國際政治與經濟上也確實處於優

勢地位，但是對於「和平統一」仍然缺少信心，因而保留了使用武力的權力。北京的現有統一論述是建立在中央統一地方，缺少用兩岸平等方式追求統一的自信。「手把青秧插滿田、退步原來是向前」是一句禪詩，「有捨才有得」是一句古訓。北京可能需要了解，只有強者才有讓步的本錢，讓步對強者而言是一項美德，對弱者卻是一種屈辱。在兩岸問題上，北京應該把台北當平等的兄弟看待，共同追求胡錦濤所說的「復歸統一」。

台北也必須重拾自信。幾乎所有來過台灣的大陸朋友都認同台灣保留了更多的中國文化，從台灣人民的生活中，看到了中華民族也可以享受文明的公民社會。台北不要總是看到一個打壓台灣的「政治中國」或可能消化台灣的「經濟中國」，而應該看到是正在巨變的「社會中國」。台灣人民應有信心與勇氣幫助社會的中國走得更開放、更美好。堅守「一個中國」不僅是政治上的原則，更是一種權益上的責任，堅持「一個中國」不僅是我們對歷史負責，更是我們擁有中國未來的權利。

兩岸都需要自信，台北需要有堅持「一個中國」，才能引導中國發展的自信，北京需要有透過「兩岸平等」，更容易走向統一的自信。兩岸如果能夠重拾自信，互信自然可以水到渠成。

結語：如何讓互信不可逆轉

在北京研討會時，北京與會者擔心的問題是，兩岸互信是否會發生逆轉？北京對於台北的民主機制是擔憂的，他們擔

心，台灣會否突然有一天因為換了政黨，把以前兩岸簽署的「和平協定」全部推翻，或者來個公投，迫使台灣走向獨立？

　　北京的憂慮不是沒有道理，邏輯上說，逆轉絕對存在著可能，因此我們應該思考如何讓這個逆轉不發生。第一個作法就是和平協定的內容必須合乎現實，並且是雙方都能接受的。對於北京來說，是「一個中國」；對於台北而言，是「憲政地位」。對北京而言，接受台北為一個「憲政秩序主體」，只是接受事實的現狀而已，但是可以徹底消除台獨的訴求與政客的操弄；對台北而言，接受「一個中國」，只是尊重自己的憲法而已，但是可以避免繼續內耗與可能的兵凶戰危。兩岸看似讓步，其實都沒有讓步。一個兩岸都可以接受的「和平協定」才有可能得到雙方人民支持而成為事實，「和平協定」對雙方的規範才是真正的紅線。

　　第二個作法是對「一中原則」做出不可逆轉的安排。在「一中各表」的架構下，台灣如何表達「一中」，取決於台灣的內政，但是當兩岸簽署「和平協定」，雙方均做出「承諾不分裂整個中國」時（請參考，〈兩岸和平發展基礎協定芻議〉，《中國評論》，2008 年 10 月號），維持「一個中國」原則就已經是雙方共同的責任與義務。因此，「和平協定」，這個可以稱其為「第三憲」的基石之協定，本身即因而有了不可逆轉的約束（請參考，〈一中三憲〉，《中國評論》，2009 年 9 月號）。

　　第三個作法，就是如何努力創造其它結構來讓其不可逆轉。不努力經營，任何再好的結構都會出問題。從這個角度來看，「兩岸統合」、「兩岸共同體」、「中華共同體」，或「一

中共同體」，不論名稱為何，都是值得兩岸努力推動的。（請參考，〈共同體〉，《中國評論》，2009 年 10 月號）

走筆至此，讀者或許可以更清晰了解，「一中三憲」應該是未來「和平協定」的基本原則，它可以讓兩岸的互信透過協定約束而不再逆轉。它不同於東西德透過基礎條約中的「一德各表」來建立互信，也不同於東西歐透過赫爾辛基最終議定書中的「相互尊重主權」來建立互信。它在北京所強調的「一個中國」與馬英九所呼籲的「正視現實」中找到了交集。「一中三憲」是兩岸建立核心共識的互信基礎，「和平協定」是這個互信基礎的機制。這個互信機制兼顧了原則與現實，更包含了理想。

謹以此文，嘗試為胡錦濤先生所主張的「建立互信」做一詮釋。

【本文原刊載於《中國評論》月刊 2009 年 11 月號，總第 143 期】

論主權共享與特殊關係

機會之窗曾經開啟：八十六字箴言與共同締造論

台北的回應：兩岸為特殊國與國關係

特殊國與國關係形成的歷程：我的回憶

「特殊關係」的本義：整個中國的內部關係

「特殊關係」的基礎：主權共有與共享

「特殊關係」的實踐：不一定需要簽 ECFA 也可以給台灣特
　　殊待遇

「特殊關係」的特殊性：兩岸平等不對稱

再造機會之窗：主權共享與共同締造新中國

機會之窗曾經開啓：八十六字箴言與共同締造論

四年前的平安夜，2005 年 12 月 24 日，一位對兩岸關係做出巨大歷史貢獻的長者、汪道涵先生告別了他念茲在茲的兩岸關係，走入歷史。哲人雖逝，風範長在。今日，在兩岸關係再現生機之際，我們可以再一次地認識汪道涵先生的兩岸關係情懷與格局。

1997 年 11 月 16 日汪道涵先生在上海會見新同盟會許歷農等人。根據事後與會者的轉述，汪道涵先生曾指出：「一個中國並不等於中華人民共和國，也不等於中華民國，而是兩岸同胞共同締造統一的中國；一個中國，應是一個尚未統一的中國，共同邁向統一的中國」。汪道涵先生並且說，「一個中國用英文文法的時態來看，可分爲三種：一是現在式，但目前很難；其次是未來式，但這夜長夢多，可望不可及，因此何不用現在進行式，只要兩岸有意願就好辦」。

汪道涵先生當時已經看到，國民黨對於一個中國的認識已經轉變爲未來式，民進黨則是用過去式來看待一個中國。汪道涵先生著名的「共同締造論」，是主張兩岸從當下開始締造新中國的現在進行式。

1998 年，海基會董事長辜振甫先生即將訪問大陸前，中共中央召開了對台領導小組會議，汪道涵先生準備了一個文字稿供中央討論，他在這文字稿中闡述了他對一個中國的定義，以及兩岸如何統一的意見。有些當場被中央接受，有些暫時没

有接受，最後一致通過的內容乃「八十六字」。這「八十六字」
箴言，也稱之為「八十六字」方針在兩岸關係上的重要性可以
與「葉九條」、「鄧六條」、「江八條」、「錢七點」並列，
為一重要的里程碑文件。

1998年10月14日，汪道涵在與辜振甫於上海和平飯店
八樓和平廳舉行首度會晤時提出這八十六個字：「世界上只有
一個中國，台灣是中國的一部分，目前尚未統一。雙方應共同
努力，在一個中國的原則下，平等協商，共議統一。一個國家
的主權與領土是不可分割的，台灣的政治地位應該在一個中國
的前提下進行討論。」

這八十六字隱含著北京對兩岸政治關係定位的重大調
整。第一、「目前尚未統一」的提法，是大陸官方首次這樣提
出，這提法之後在2005年3月14日第十屆全國人大通過的《反
分裂國家法》中被正式寫入。第二、「平等協商、共議統一」
的主張，強調在兩岸走向統一的過程中，雙方的政治地位是平
等的，沒有「誰大誰小」、「誰吃掉誰」的問題。第三、有關
「台灣的政治地位應該在一個中國的前提下進行討論」的說
法，顯示北京已為兩岸統一前「中華民國政府」的定位預留可
以討論的空間，而不再是視中華民國已經滅亡的傳統看法。

台北的回應：兩岸為特殊國與國關係

當時在台北的李登輝，對「一個中國」原則已經沒有興
趣了。在汪道涵即將來台訪問的前夕，1999年7月9日，李

登輝接受「德國之聲」訪問時，提出「特殊國與國」的看法。

李登輝所以特別選在德國記者訪問時所提出，顯示李登輝是希望將東西德的特殊關係移植到兩岸。對於一般台灣民眾而言，很難了解甚麼是東西德「特殊關係」的真諦，他們簡單地認為，兩岸的確存在著中華民國與中華人民共和國，兩者之間有著血緣、文化上的特殊關係，因此很容易地接受兩岸為「特殊國與國」關係的看法。當時的民意調查，有七成以上台灣民眾接受這項兩岸關係定位主張。

北京是完全不能接受兩岸為「特殊國與國」關係這樣的論述，問題不在於「特殊關係」，而在於「國與國」這樣的界定。李登輝的論述使得海協與海基會兩會之間的對話失去了政治基礎，也使汪道涵會長的台灣之行嘎然而止。「特殊國與國」的主張不僅讓汪道涵先生無法一償到台灣的宿願，也使兩岸關係劃上了一道休止符，接著就是陳水扁的執政，兩岸關係再度空轉，任何有關兩岸政治關係的討論均已非理性，而是由民粹主導。

在這樣的時空背景下，對於李登輝而言，「特殊國與國」是他分離中國整個戰略的一部分；對於北京而言，「八十六字」箴言所釋出的解釋空間，完全沒有機會進入對話階段。

時間真的過得很快，一晃至今已逾十年。經歷了兩岸失落的十年，我們有必要指出李登輝「特殊國與國」關係的盲點與誤區在哪裡？我們必須將時間再拉回汪道涵先生在 1998 年所提出的「八十六字」箴言，將其做為起點，重新再回顧一次兩岸關係。也就是說，如果我們在「八十六字」箴言的基礎上，可以讓兩岸關係呈現甚麼樣的面貌，至於過去的十年，我們不妨就當它是個負面的經驗與教訓。這個教訓告訴我們，如果兩

岸不能發展出一套完整的論述，兩岸就不可能建立真正的互信（請參考〈論海峽兩岸建立互信〉，《中國評論》，2009 年 11 月號），其結果是兩岸認同愈來愈遠，未來處理兩岸關係的代價愈來愈大。

特殊國與國關係形成的歷程：我的回憶

1992 年，我親身站在兩岸外交爭奪的火線，在艱難地將拉脫維亞總領事館設立之時，我更覺得如果兩岸關係不能妥善處理，外交困境無法解決，即使突破，也不容易長久。

基於對於兩岸關係的情懷，在程建人大使（時任外交部次長）的協助，以及馬英九先生（時任陸委會副主任委員）的同意下，我從外交部商調至陸委會工作，在企劃處參與大陸工作的規劃，以及有關政策的撰寫。

1992 年正是兩岸關係互動密切的一年。由於有了 1991 年的「國統綱領」以及國統會「對於一個中國的涵義」解釋，兩岸雖然對於「一個中國」的定義不同，但是畢竟對於「一個中國」有了交集。也就是在這個基礎上，才有了 1993 年的「辜汪會談」，一個兩岸歷經近五十年的分離後，終於可以好好坐下來溝通的會談。

在看到兩岸關係逐漸走向良性互動之際，當時我與一般人一樣，沒有察覺到李登輝對於「一個中國」的「寧靜革命」正在啟動。

還記得「海陸大戰」吧！事後看來，海基會執行的是「國

統綱領的大陸政策」，可是當時陸委會主委黃昆輝執行的卻是
「李登輝的大陸政策」。這也是後來，從陳長文、邱進益、焦
仁和到陳榮傑，一直都與黃昆輝之間存在著根本認知上的矛
盾。那麼，為甚麼李登輝會通過「國統綱領」呢？是他認同「一
個中國」？當然不是，那其實是李登輝為了拉攏當時非主流派
而不得不做的決定，他用「國統綱領」來化解非主流派對他的
不信任，「國統綱領」因此成為了李登輝鞏固權力的工具，而
非其兩岸關係理念。從這個角度來看，後來的「海陸大戰」也
就不足為奇了。

　　當時的我，還沒有滿四十歲，天真的我完全相信「國統
綱領」是政府的政策。我的基本政治學知識告訴我，國統綱領
只是一份非正式的文件，是政府意願與論述的根據，它沒有任
何法律上的約束力。做為體制內的一員，我上簽呈建議政府利
用當時國民黨仍居多數的情形下，在立法院將「國統綱領」通
過，使其成為一項具有法律拘束力的政策。這也是西德在處理
兩德關係時常用的做法，用法律來對政府做自我約束。不過，
我的這項建議，並沒有被接受。至此我開始了解，當時的陸委
會對於國統綱領的看法與我的認知有很大的不同。

　　1993 年年中，當時的企劃處長鄭安國先生，交給我一份
工作，撰寫一份有關大陸政策的白皮書，向人民完整地交待政
府的大陸政策理念與作為。正當我構思如何撰寫這份白皮書
時，1993 年 8 月北京發表了〈台灣問題與中國的統一〉白皮
書，對於台灣要尋求加入聯合國做出嚴厲的批判。鄭處長再交
待，未來白皮書的內容也應包括兩岸間的定位與方向。

　　不像北京的白皮書是由一個小組負責撰寫，我是一個人
負責整個白皮書的撰寫工作，這也讓我可以完整而有邏輯性的

將兩岸關係的定位做一詮釋。這一份後來以《臺海兩岸關係說明書》（以下簡稱《說明書》）名稱公佈的大陸政策白皮書，全文長達六萬餘字，後來濃縮爲兩萬字出版。在我完成初稿後，陸委會再邀請兩梯次的學者專家進行討論，最後定稿。定稿後，我與企劃處算是完成了工作，未來的工作就由副主委與主委黃昆輝做最後裁決。

　　《說明書》的最後版本與當時企劃處定稿的版本，大概有 99%是完全一致的。由於我是初稿的撰寫者，可以非常清楚了解被改動的地方是哪裡，最大的不同處就在於對「一個中國」的解釋。

　　由於在德國擔任外交工作與學習，對於德國問題有較深入的了解（筆者曾出版《德國問題：國際法與憲法的爭議》，爲迄今華人社會唯一一本從國際法與憲法角度來討論德國問題的專書）。因此，我當時在撰寫兩岸定位時，是併用「屋頂理論」（即「部分秩序理論」）與「國家核心理論」做爲撰寫的基礎。在這個原則下，「一個中國」不是個歷史、地理、文化、血緣上的概念，而是個「實」的政治法律概念，兩岸均爲「一個中國」的部分，兩者是「整個中國」的「內部」關係，彼此不是「外國關係」，也不是「內政關係」（請參考，〈論兩岸與中國的關係〉，《中國評論》，2009 年 3 月）。

　　我不知道是誰把「一個中國」的定義修改了。由於最後修訂者只有政治意圖，而缺乏完整的論述，因此，謹在「一個中國」定義上修改，而沒有更動《說明書》其它「整個中國」或「內部關係」等重要文字。做爲一個原始的起稿者可以完全看出《臺海兩岸關係說明書》的前後矛盾處，但是一般讀者不

會輕易地察覺。

　《說明書》是這樣的詮釋「一個中國」：「一個中國是指歷史上、地理上、文化上、血緣上的中國。……兩岸的分裂分治只是中國歷史上暫時的、過渡時期的現象，經由兩岸共同的努力，中國必然會走上統一的道路……」（第15頁）。

　值得注意與討論的是，第一、國統綱領並沒有「一個中國是指歷史上、地理上、文化上、血緣上的中國」這一句話；第二、如果我們認定一個中國僅是指歷史上、地理上、文化上、血緣上的中國，又主張兩岸各為主權獨立的國家，則在法理上，已無統一問題，中國在1949年已經完成分裂了；第三、如果上述觀點真的是政府對一個中國的解釋，則可認為中華民國也同意兩岸已經完成分裂，至於另稱「經由兩岸共同的努力，中國必然會走上統一的道路」這句話沒有意義，因為它沒有法律的約束力。

　從理論來說，1994年的《說明書》的這些文字，已經為走向「分割理論」開啟了大門。我支持中華民國參與聯合國，但是我不認為「分割理論」或「分解理論」這種論述可以幫助中華民國重返聯合國。

　李登輝將「一個中國」虛化的解釋，官方文件始於1994年的《說明書》，但是醞釀的時間則起於1993年。當時國民黨的智囊們，以「鄭中樺」為筆名，從1993年11月6、8、15日起連續在《中央日報》第二版刊登專文指出：「兩岸所堅持的『一個中國』是指歷史上、地理上、文化上、血緣上的中國，也是指民國38年（即1949年）以前及未來統一後的中國。而38年以後的兩岸存在著兩個不同名稱的政府：中華民國政府和中華人民共和國政府。雙方各自統治不同的地區和人

民…，彼此各自為政，沒有隸屬關係」。這表明了「一個中國」只是過去式與未來式，而非現在式。現在的「一個中國」只是歷史、地理、文化、血緣上的中國。

1994 年 1 月政治大學出版的《中國大陸問題研究》，特別以《論台海兩岸的關係》為篇名列出其三篇文章。在文章前特別序稱「有感於鄭先生文章的觀點充分反映了中華民國的立場，有助於本刊讀者對大陸政策的瞭解」（第 37 卷第 1 期）。我們可以很清楚地看出，這是政府主其事者的思想定調工作。

從上述事實可以清楚了解，1999 年的「特殊國與國」並不是李登輝的神來之筆，也不僅是如一般外界所言始於有蔡英文參與，1999 年 5 月由國安局完成的「強化中華民國主權地位」報告。溯其源頭，是自 1993 年推動進入聯合國、化名「鄭中樺」的文章詮釋、1994 年《說明書》等一連串的認知與立場投射。

已經有了這樣的論述，執行國統綱領的海基會還沒有察覺到國民黨的路線已經改變。一直到許惠祐 1998 年接掌海基會，代表黃昆輝的最後勝利，李登輝的佈局終於完全到位。「特殊國與國」隨時可以提出來，選擇 1999 年的 7 月 9 日出牌，理由其實只有一個：多一個附加價值，即不要讓汪道涵先生來訪，迫使兩岸關係走入胡同。

而我自己怎麼選擇呢？《說明書》對「一個中國」關鍵文字的政治目的性詮釋，讓我了解，國民黨的立場已經轉變。我開始重新思考我能夠為兩岸關係做些甚麼，1995 年我選擇離開了長達 15 年的公務員生涯，協助星雲大師創辦南華大學。同時，我決定把理念用文字寫出來，準備與被錯誤詮釋的

一個中國論述進行長期抗戰。

「特殊關係」的本義：整個中國的內部關係

不只是李登輝先生提出兩岸關係為特殊關係的看法，胡錦濤先生在 2008 年 12 月 31 日的談話中，也提出了兩岸為特殊關係的看法，他說：「為有利於兩岸協商談判、對彼此往來作出安排，兩岸可以就在國家尚未統一的特殊情況下的政治關係展開務實探討」。李登輝與胡錦濤兩人對於「特殊關係」見解的差別在於，李登輝將「特殊關係」立足於兩岸歷史、文化、血緣、地理的相近性，統一不是必然選項，胡錦濤則是將「特殊關係」界定為統一前特殊情況下的政治關係。

「特殊關係」這幾個字源自於西德總理布朗德，用以區別東西德的關係既非國際法上的外國關係，也不是自己國家內部的內政關係。那麼「特殊關係」的理論本義是甚麼？對此，當時的反對黨還向聯邦憲法法院控告布朗德政府違憲，當時擔任反對黨的基督民主聯盟（CDU／CSU）認為，西德既然都承認了東德為一個國家，那還有甚麼特殊關係而言，在法律意義上，東德已經是一個國家，東德派駐在西德的代表，都是由東德外交部負責，兩個國家都是聯合國的成員國，所謂「歷史、文化、血緣、地理上」的「特殊關係」在法律上是完全沒有意義的。

當時的西德政府與學術界並不像台灣一樣，「我說它是特殊關係就是特殊關係」，而必須提出合理的法律理由。西德

政府引用「國家核心理論」，認爲 1937 年疆界的德國（因爲 1937 年至 1945 年所得的領土均被視爲非法所得）並沒有滅亡，只是喪失了行爲能力，也就是說，1937 年疆界的德國做爲一個法人仍然存在，只是因爲戰敗，暫時沒有專屬自己的中央權力機關，西德在 1949 年的基本法中延續了德國的國際法人格。

聯邦憲法法院特別說"one nation, two states"，其中 one nation，指的不是德意志民族，而是 1937 年疆界的德意志帝國。台灣學者一直將"one nation, two states"譯爲「一族兩國」，這是完全錯誤的認識。如果是「一族兩國」，布朗德早就被憲法法院判定違憲了。我們應該將其譯爲「一德兩國」，「一德」與「兩國」都是國際法的主體，由於有「一德」（爲法人，但是沒有治權能力）存在，布朗德承認東德爲一個國家，不是外國，如果是「一族兩國」，承認東德是一個國家，也就等於是承認東德爲外國了。

讀者至此可以明白，當李登輝將「一個中國」定義爲歷史、文化、地理、血緣上的概念時，如果依照西德的看法，李登輝早就違憲了，但是在台灣，卻沒有人會提出質疑。有時不禁感嘆，是權力依附需要？憲法不受重視？或是學術界根本沒有對這些問題進行過深入且透徹的研究，放任這麼重要的議題口水化、庸俗化、民粹化？

由於布朗德堅持「整個德國」的立場，視東西爲整個德國的內部兩個國家，因此，當時的對德事務由「內德關係部」（*Bindesministerium fuer innerdeutsche Beziehungen*）負責，表明了東西德之間的事務是「德國內部」事務。再重複一遍，如

果德國只是個歷史、文化、血緣與地理上的概念，那麼就沒有
所謂的「特殊關係」了。

　　如果台北只是把「一個中國」視爲一個文化或民族概念，
北京將無法承認台北的憲法地位，否則就等於承認兩岸是外國
了。如果只是把「一個中國」視爲是「未來式」，那麼接受兩
岸均爲憲政秩序主體，也就等於是接受兩岸「相互獨立」爲前
提，「統一」爲選項。從這個角度來看，汪道涵先生認爲兩岸
在追求統一時，應以「現在進行式」的觀點來思考，是有其道
理的，我想他要表達的是，兩岸同屬一個中國，即兩岸目前是
「合中有分」，要努力做到的是，從現在的「合中有分」經過
「分中求合」，最後走到「合而爲一」。

　　因此，「特殊」一詞，並不是隨便說說，有它的一定法
律意涵。兩岸爲特殊關係，表示兩岸的關係不是國際關係，也
不是一方屬於另一方的內政關係，而是整個中國的「內部」關
係。

「特殊關係」的基礎：主權共有與共享

　　由以上的分析，我們可以了解，「特殊關係」與「主權
共有與共享」是分不開的。兩岸如果不能共有主權，等於一方
獨佔主權，另一方不是「僞」（假的中央政府）就是「它」（另
一個主權國家），那麼，這樣的「特殊關係」其實是一種正／
僞或外國關係。

　　何謂「主權共有與共享」？在政治哲學上，主權是屬於
人民，政府只是經由人民委託行使主權的權力（power of

sovereignty），政府是行使人民主權的媒介。兩岸目前雖然沒有武裝衝突、交往亦日漸密切，但是在法理上，仍處於整個中國內部的分治狀態。兩岸政府各在其有效管轄區內接受人民的主權委託，行使主權的權力。由於整個中國是由兩岸共同組成，即「兩岸同屬一個中國」，因此，整個中國的主權應該由兩岸人民所共有。目前兩岸人民均無法分享對方的主權權力，但是，如果我們堅持兩岸都是中國的一部分，那麼在思路上，就應該將主權共享納入政策思維。西德就是用這個態度來處理與東德人民的關係。

廈門大學台灣研究院的劉國深院長舉了一個很好的例子。他提出了「國家球體理論」，將兩岸視爲「中國」這一球體的兩面。他認爲，中國是現代『國際星系』中一個重要的『國家球體』，同樣是由土地、人口、政府、主權構成的一個整體，世界上絕大多數『國家球體』只有一個球面（政權）代表這個國家，而中國這一個「國家球體」的球面是由中華人民共和國和中華民國兩個競爭中的政權構成，它們分別在背靠背的空間和場合代表著中國，雙方事實上形成了「一體兩面」的關係（請參考：〈加強兩岸政治互信 ABC〉，《中國評論》，2009 年11 月）。劉國深這個「國家球體理論」就是「主權共有與共享」的另一種表述，表示兩岸分別是中國這個球體的兩面。球面間的關係與球體間的關係完全不同，球面間的關係是一種「球體的內部（特殊）關係」。

中國評論網的網民經常有精彩的觀點，福建建甌的教師江昌標，在他的網路文章〈兩岸一體兩面、共有共享主權〉一文中也舉了傳神的例子。他說：「從兩岸是一體兩面的關係來

理解一個中國，如硬幣的一體兩面關係一樣，中華人民共和國憲法和中華民國憲法，就是一個中國的兩面，中華人民共和國和中華民國就是一個中國的整體」，「兩岸如同硬幣一體兩面，都是一個中國。一體就是一個中國，兩面分別是大陸和台灣。大陸是硬幣的一面，台灣是硬幣的另一面，兩面互相依存，共同存在，缺一不可。因此，大陸和台灣同屬一個中國」。

　　無論是「球體說」或是「硬幣說」，都把兩岸是一體兩面的概念做了很具像的描繪。「球體」的面，不論朝向哪一方，如果不能共有或共享球體的內涵，這個球體是破碎的；硬幣雖然擁有兩個面，但是內容是完全一樣的。無論是「球體說」或是「硬幣說」，都是主權共有與共享，而這也是正是「特殊關係」的精神。

「特殊關係」的實踐：不一定需要簽 ECFA 也可以給台灣特殊待遇

　　在兩岸互動過程中，我們如何落實「特殊關係」？在討論以前，我們來看看東西德是如何思考它們的貿易關係性質。西德的做法值得兩岸，特別是北京可以參考。

　　在西德，東西德間貿易通常被稱之爲「內部貿易」（ *Binnenhandel* ），或「德國內部貿易」（*Der innerdeutsche Handel*, 簡稱爲「內德貿易」），其理由在於兩德間並無關稅的界限。雖然在 1951 年 7 月 9 日的〈區間內監督規定〉稱，雙方的貿易可由兩德關稅官署管制，但事實上與東德的貿易均未課徵關稅。例如西德 1961 年 6 月 4 日的《關稅法》（ *Zollgesetze* ）第

2 條即規定，東德爲西德關稅的內部地區（*Zollinland*）。西德所以這麼做，原因很簡單，因爲西德在與東德的關係上，是以「國家核心理論」（即西德的主權涵蓋全德國）來處理東西德的關係，既然西德的憲法認爲德東地區是德國的一部分，而西德又代表德國，所以東德的貨品進入西德自然不需要關稅。

　　大陸的朋友或許可以思考一下，既然中國大陸主張主權涵蓋全中國，視台灣爲中國的一部分，爲何台灣的貨品到大陸還要打關稅？看看東西德的例子：東德的貨物進入西德不要關稅，但是西德的物品進入東德卻要打稅，因爲西德認爲它代表德國。外表看起來，好像是西德吃虧，西德之所以這麼做，因爲它堅持遵守自己的憲法立場，也因爲它想統一德國。

　　另一個值得探究的問題是，當時歐洲共同體（後簡稱「歐體」）如何看待東西德的貿易形態問題。1957 年西德加入歐體，在簽署《羅馬條約》時，即表示其立場：爲執行此條約，不須改變目前德國內部貿易的規定，亦不須改變目前的貿易情況。這表示西德認爲，即使簽了《羅馬條約》，受條約的約束，但是東德的貨物進入西德仍然不需要關稅。

　　當時其他歐體國家對此表示反對，認爲倘採納西德意見，等於在歐體在蘇聯佔領區（指東德）間開了個缺口，亦使得蘇聯與歐體的經貿市場中有了個漏洞，故主張在歐體內設立一專責機構以管制歐體與東德的貿易。但西德政府堅決認爲，倘若東西德間的貨物須繳納關稅，則等於放棄了「國家核心理論」理念，故東西德間的貿易應維持其特殊性，並主張東西德的貿易僅需由西德管制即可。

　　經協商後，歐體各國同意：第一、西德與西德《基本法》

管轄範圍以外的德國地區（指東德）進行貿易，歐體不改變目前內德（指兩德間）貿易的規定，亦不改變此種貿易形態。第二、各會員國均有義務將其與東德貿易的情形告知其餘各會員國。

基於上述認知，歐體各國簽署《內德貿易與相關問題議定書》（ *Das Protokoll über den innerdeutschen Handel und die damit zusammenhangenden Fragen* ）。依此議定書，授予西德政府制訂對東德貿易政策的權限。另 1951 年《關稅貿易總協定》（GATT）的《多奎議定書》（ *Torquay-Protokoll* ）增列「德意志聯邦共和國（即西德）的加入並不影響其內德貿易的現有規定及現有形態」。這表示，GATT 國家同意西德的做法。

最後結果是，依歐體的規定，只要是由東德出產的產品，在東西德間無關稅，但從其他非歐體國家，如波蘭，經過東德到西德再出口到其他歐體國家的產品，皆需要在東西德邊界依歐體的共同關稅繳稅。惟若原產地為東德，經由西德出口到其他歐體國家則不須繳關稅。東德物品倘不經過西德而逕自出口到其他歐體國家，應與其他非歐體國家的物品相同，均需繳稅。

如果我們把這個例子用在兩岸，如果北京堅持「一個中國」原則，可以主動在「東協加一」的相關協定中增加條款，即台灣的貨物如果經過中國大陸到東協國家，可以享受與中國大陸貨物一樣的待遇。由於台灣與東協國家間並沒有自由貿易協定，因此，由台灣直接進入東協國家的貨物則必須依規定上稅。

有些經濟學者會說，由於兩岸已經加入了世界貿易組織（WTO），因此必須適用 WTO 的規範。這樣的說法是完全忽視了政治因素在國際貿易中的功能性。由於目前絕大多數國

家均承認「一個中國」原則，就好像當時的絕大多數歐體國家接受西德的憲法立場，因而不提出異議一樣，只要北京能夠在國際間有所宣示與堅持，國際社會是沒有理由反對的。如果北京又願意像西德一樣釋放出公共財，像西德不要求東德比照辦理一樣，同樣地不要求台灣比照辦理，這才是堅持「一個中國」一方應有的氣魄與立場。

「特殊關係」的特殊性：兩岸平等不對稱

　　由東西德的經貿關係可以看出，東西德的特殊關係存在著明顯的「平等而不對稱」現象。在國際間兩德地位平等，但是在兩德經貿事務上，明顯地存在著「不對稱」的情形。

　　由於兩岸力量有差序，兩岸的特殊關係也必然會有「平等而不對稱」現象。在兩岸互動時，兩岸應該以平等相處，尊重彼此的憲政地位（請參考〈一中三憲〉文，《中國評論》，2009 年 8 月號），但是兩岸在國際代表權方面，目前存在著明顯地「不對稱」現象，北京在絕大多數國家享有「大使館級」外交關係，而台北僅有「代表處級」關係。台北目前沒有能力，也沒有意願去挑戰這個「不對稱」關係，但是為了兩岸關係和平發展，北京也有必要在經貿關係上給台北若干「不對稱」的優惠。

　　自從兩岸分別加入 WTO 後，兩岸一直有一個認知的誤區，即兩岸應該比照國際規則來處理兩岸經貿事務。從大陸的觀點來看，這是接受國際規範的必要行為；從台灣的觀點來

看，用國際規範來處理兩岸關係，滿足了兩岸關係國際化的心理需求。兩岸認知的誤區在於，如果大陸能夠學習西德，在政治憲法上堅持一個中國，國際社會可以同意兩岸關係的特殊性；對於台灣來說，如果以兩岸關係特殊性處理兩岸經貿關係，台灣可以在中國大陸的同意下，享受一般 WTO 規範所不能給予的特權。

我們可以從一個極端的例子談起。這個例子顯示出，引用國際規範對台灣的不利。

兩岸在 2009 年 11 月間簽署了金融監理合作備忘錄（MOU）。由於台灣與大陸分別以已開發經濟體與開發中國家身分加入 WTO，當時對外資所做的承諾差異頗大，台灣給予外資的條件幾近於國民待遇，即外國銀行可以做的與本國銀行差不多，所以，台灣幾乎沒有甚麼與大陸協商的籌碼。大陸由於具備開發中國家身分，對外資金融的進入只是開一扇小門，在 WTO 外，仍有許多可以給的特殊優惠措施。

大陸法規對內、外資金融機構待遇不同。如外資銀行升格分行須先經二年的辦事處、申請經營人民幣業務至少要有三年的等待期、參股上限為 20％等。證券也是一樣，如外資不能承做最賺錢的 A 股經紀業務。

MOU 簽定後，台灣必須面臨對大陸開放市場的壓力，如果沒有事先另做規範，陸資金融機構來台可享國民待遇，亦即可以馬上設分行、子行及承做台幣業務，且可 100％參股。所以，大陸金融機構很快可以架構完其兩岸三地平台，而此不僅影響台灣市場，也會增加台灣金融機構在大陸爭取台商的壓力。

金管會副主委李紀珠因此表示：「台灣會希望在 ECFA

協商市場准入時，大陸給予超越 WTO 承諾之外的優惠，而台灣方面則希望陸方在 WTO 承諾外加上一些限制或至少一些緩衝時間，以減少衝擊」。換言之，台灣將希望寄託在 ECFA 的簽署上，期盼利用 ECFA 為台灣拿回因為 MOU（MOU 又是基於 WTO）而失去的不對等待遇。

　　如果我們用兩岸特殊關係來看這個問題，非常好處理。北京方面其實可以用「一個中國」的憲政立場來處理兩岸關係，學習西德一樣，給予台灣金融業國民待遇，不需要受 WTO 的約束，由於第三方大多與大陸有外交關係，接受「一個中國的原則，因此也沒有甚麼理由要求比照辦理。這也就是說，這個問題其實未必要靠 ECFA 的簽署才能夠解決。

　　今天台灣要求簽署 ECFA，某種意義上只是滿足了某種準用 WTO 規範的心理效應，因為簽署之後感覺上似乎就比較可以受到國際貿易規範的保護，也比較有對等的感覺。如果大陸方面也是基於滿足這樣的考慮，所以要和台灣簽署此一協議，我當然也不反對。但是，我們必須了解，基於兩岸關係的特殊性，ECFA 和兩岸經貿關係的正常化，並不是有著必然關係，它只是為了突破 WTO 的限制而已。如果北京可以仿效西德自行修訂《關稅法》或自行訂定相關法律的方式，依據憲法精神給予台灣貨物免關稅的特殊待遇，其實也是一樣可以解決問題，同時也可以真正做到把台灣同胞當成自己人民一樣看待。北京如果能夠有這種格局，兩岸關係沒有理由不往既廣又深的方向大步走。

　　台灣為何沒有辦法比照辦理，理由很簡單：台灣小，大陸大，台灣對中國大陸市場既有需要，也有恐懼，大陸對於兩

岸關係發展，政治性的目的大於台灣，這本身也是一種「不對
稱」。從這個角度來看，大陸沒有甚麼好與台灣計較的。因而，
北京不宜以國際規範來思考兩岸關係，而應以兩岸關係特殊性
這個角度為兩岸創造符合雙方利益的特殊規範。

　　「特殊關係」所延伸的兩岸互動方式，等於是兩岸關係
「內外有別」的一種定位。兩岸對外，各自依據國際社會的現
有規範與他國交往，但是在兩岸自行互動時，兩岸可以有自己
的依據與模式。在政治立場上，北京不希望兩岸關係國際關係
化，因此，「特殊關係」讓北京贏得了立場；在經濟上，「特
殊關係」中「不對稱」的設計，可以讓台灣取得實質的利益。

再造機會之窗：主權共享與共同締造新中國

　　讓兩岸關係回歸到特殊關係，即「整個中國的內部關係」
的形式運作，有幾種不同的路徑。第一、單方面的處理。由於
兩岸雙方的憲法均是「一中憲法」，因此任何一方均可依據憲
法，對對方做國民待遇的優惠設定。當然，由於兩岸大小差距
過大，台灣方面的敏感度與脆弱度均較之大陸為高，因此，北
京方面更有條件學習西德的做法，將兩岸關係視同為「整個中
國的內部關係」處理。

　　第二、雙方面共同處理。如果兩岸有更大的誠意，可以
透過「和平（基礎）協定」的簽署，雙方保證「不分裂整個中
國」，使得雙方共同約定遵守「一個中國」原則。如果了這個
協定，那麼國際間便沒有甚麼可以質疑兩岸的特殊關係與經貿

安排了。

　　目前在兩岸關係互動過程中，到底是應該「先易後難」、「先經後政」還是「難易並進」、「政經並行」？我是主張後者的。兩岸關係的本質是政治問題，幾乎所有經濟問題均與政治有關，這與一般國家間的問題本質不同。迴避政治只談經濟，並不一定能夠爲未來的政治爭議創造好的解決基礎，反而有可能治絲益棼。如果能夠處理兩岸政治定位的問題，特別是確定兩岸之間的關係是「整個中國的內部關係」，那麼，兩岸就可以對經貿關係自行做出有利於對方規範，而不必再受WTO「相同待遇」的約束。簡單的說，兩岸定位問題如果解決，爾後的問題處理自然可以「輕舟過萬重山」了。

　　「一中三憲」是「整個中國內部關係」另一種的法律文字表述，兩岸均不失其立場，又兼顧到未來的理想。「兩岸統合」是兩岸互動時的進階方式，有助於強化與鞏固「整個中國」的內涵。

　　2009 年 8 月 2 日，我在上海拜訪社會科學院黃仁偉副院長時，黃仁偉院長告訴我說，汪道涵先生的八十六字箴言，原本是九十個字，後來版本所刪除的四個字，正是「主權共享」。

　　在敬仰汪道涵先生的卓見之餘，也想著這四個字會在甚麼位置，想了想，這四個字應該是放在「在一個中國的原則下，平等協商，共議統一」的中間。汪道涵先生原本的主張應該是「在一個中國的原則下，主權共享，平等協商，共議統一」。

　　八十六字箴言的年份是 1998 年，經過了十多年，北京應該更有自信到可以與台北共同擁有與享有中國的主權。在多篇文章中，我不停地呼籲北京是否可以在「一中新三句」「世界

上只有一個中國、大陸與台灣同屬一個中國、中國的主權與領土不容分割」之後，再加個第四句，「中國的主權爲兩岸全體人民所共有與共享」。

北京如果宣示「主權共享」，等於爲兩岸的「特殊關係」開啓了宣示性的序幕。這樣的宣示，與胡錦濤在 2008 年 12 月 31 日所說「1949 年以來，大陸和台灣儘管尚未統一，但不是中國領土和主權的分裂，而是上個世紀 40 年代後期中國內戰遺留並延續的政治對立」……「兩岸復歸統一，不是主權和領土的再造，而是結束政治對立」一致，完全符合的主權尚未分裂說法。中國的主權既然沒有分裂，主權當然屬於兩岸全體人民，並由兩岸全體人民所共享。

2005 年 12 月 26 日，上海東亞所章念馳所長在紀念汪道涵先生一文中說，汪道涵先生所提出的著名的「共同締造論」，「把鄧小平的『誰也不吃掉誰』和江澤民的『中國人不打中國人』這二句箴言，發揮得淋漓盡致。他有許多對未來的一個中國的豐富設想，展示了一個老共產黨人的博大胸懷」。

老共產黨人雖已凋零，但叮嚀猶言在耳。透過主權共享，彼此共有整個中國的主權，兩岸相互尊重彼此的憲法，彼此「誰也不吃掉誰」。在兩岸追求統一的過程中，「整個中國內部」的「特殊關係」是兩岸關係的定位。「共同締造論」要締造的中國，就是透過統合過程建立第三憲的新中國。

哲人已逝、精神長存。謹以此文「論主權共享與特殊關係」嘗試爲注道涵先生的觀點續貂，並期以「一中三憲、兩岸統合」做爲汪道涵先生「共同締造論」的實踐路徑。

【本文原刊載於《中國評論》月刊 2010 年 2 月號，總第 146 期】

兩岸和平發展的理論探討

前言：尋找有助穩定和平發展的理論

理論：既是解釋預測，也是為政治目的而服務

以現實主義解決兩岸爭議：方法不足取但概念重要

    (一)台北以現實主義做為安全觀的迷思

    (二)北京以現實主義處理兩岸關係的後果

    (三)現實主義的概念仍然重要

以新自由主義推動兩岸關係：雖有限制但值得採行

    (一)兩岸均贊同新自由主義的交往互利觀

    (二)經濟的合作不一定會自動擴溢到政治的合作

以社會建構主義重塑兩岸認同：和平發展與邁向終極目標的必要作為

    (一)兩岸互動時應積極建立重疊認同的政策

    (二)推動統合的目的在推動重疊認同

結語：以兩岸統合推動兩岸治理

前言：尋找有助穩定和平發展的理論

　　兩岸目前正處於難得的和平發展階段。做爲關係兩岸的一份子，我們固然可以分析它所面臨的挑戰，但是更應思考，用甚麼辦法可以讓兩岸和平發展朝穩定發展並向終極目標推進。「兩岸統合」的提出，就是希望做爲由兩岸和平發展向終極目標的邁進的路徑（請參考：〈論兩岸統合的路徑〉，《中國評論》，2009 年 4 月號）。透過兩岸統合的過程，兩岸可以在相關議題上建構共同機制、共同體或共同政策，並因此增加彼此的重疊認同，從而不僅可以讓兩岸成爲生命共同體、確保和平發展、共同繁榮民族，亦可爲全面性的政治統合奠定基礎。

　　「兩岸統合」是基於對兩岸環境認知所提出的看法。不同的人對於環境有不同看法，因此也提出不同的主張。有人認爲必須站在「權力」的角度來看兩岸的問題，有人則認爲「（制度化）交流」是兩岸和平發展的關鍵。筆者則認爲，「權力」、「交流」的觀察固然重要，但是沒有「認同」，兩岸不可能長久的和平發展。

　　任何一個主張背後都有一些思路做爲依據。這個思路固然有自身的期望，也有對自己行爲的解釋。在學術上，我們往往稱其爲意識形態、思想或理論。本文就是希望透過理論的探討，了解甚麼樣的認識才有助於兩岸和平發展的進程。

理論：既是解釋預測，也是爲政治目的而服務

雖然兩岸關係不同於國際關係，但是討論兩岸關係和平發展時，國際關係的理論應有其值得參考之處。

國際政治理論包括甚廣，但是真正能夠稱之爲「大理論」（Grand Theory）的，也只有（新）現實主義與（新）自由主義（或稱新自由制度主義）。冷戰結束以後，社會建構主義擠身爲主流的國際關係理論。本文就以此三個基礎性的國際關係理論（或稱範式）的安全觀或和平觀做爲兩岸和平發展理論的討論基礎。

國際關係學者在建構理論時，往往有兩個主要的目的，一爲明，另一可能爲暗。明的是理論的功能，暗的是爲國家政策而服務。

明的方面來說，理論的目的希望建立通則，以期達到解釋及預測的功能。例如，（新）現實主義者的安全觀與和平觀，不外乎透過同盟、自助（發展軍事力量）、權力平衡等途徑達到安全與和平的目的。自由制度主義者認爲，透過貿易上的相互依存、相關制度的建立、甚而推動全球走上民主，才能夠維持國際和平與國家安全。社會建構主義者則認爲，要促使國際社會建立共同認同、共享價值，才是維持國際和平與國家安全的不二法門。

暗的方面來說，每一種理論或論述的背後都有著強權國

家為了執行其全球戰略，也為了自己國家利益考量，換句話說，理論或論述只是為了追求國家利益的一種說法而已。例如，美國在與蘇聯對抗的年代，強調「兩極體系」的「權力平衡」重要，要求東亞或西歐國家做為美國的扈從，支持美國圍堵共產主義的軍備安全政策；在美國做為霸權的年代，主張「霸權穩定論」對於全球秩序的貢獻，並要求其它國家應遵從美國的領導，而且要避免做一個免費「搭便車」的參與者；當美國的經濟力量大時，美國主張全球應該開放「自由貿易」，因而倡導「貿易和平論」；當冷戰結束，美國面對的是一個多元的世界時，美國一方面發展出「文明衝突論」，呼籲歐洲與美國這兩個基督教文明共同對抗伊斯蘭文明世界，防範儒家文明世界；另一方面又強調「民主和平論」，認為只有在全球均走上民主時，國際的衝突才可以避免。

我們首先要分辨出哪些是真正有助於國際和平的主張，哪一些又是為了強權自身目的與利益的論述；我們也必須認識每一個國際關係理論背後的真正內涵，以及如何避免在運用時所帶來的不良副作用。更重要的是，在討論兩岸關係時必須思考，我們討論的是兩岸關係，而不是國際關係中的外國關係。兩岸同屬中華民族，有相同的語言與文化來處理兩岸關係，因此在運用理論做為政策思維時，更需要避免把西方的理論變成「拿來主義」，而必須考慮兩岸關係的特殊性。

以現實主義解決兩岸爭議：方法不足取但概念重要

現實主義是以「國家中心論」作為國際關係的論述基礎，認為國家追求的是權力、安全和財富，國際政治處於無政府狀態，國家利益和行為者都是自私的，國家間不能完全確保了解對方的真實意圖，國家是理性的行為體，武力是解決衝突與危機的重要手段。

現實主義認為，衝突來自於人類追逐權力的本性，因而是國際關係的基本特性。國家間的合作是有限、脆弱與不可靠。因為在國際無政府的架構下，要維持和平的關鍵是國家的武力，從這個觀點來看，以單極為主的「霸權穩定論」，兩極對立的「恐怖平衡說」，反應多極的「權力均勢觀」，即成為以權力為本質的維持國際安全的方法。

(一)台北以現實主義做為安全觀的迷思

雖然台灣已經單方面的廢除動員勘亂條款，承認中共為一有效的治權，但是由於中共迄今仍未放棄武力解決兩岸問題，使得兩岸仍處於內戰尚未結束的獨特情境。又由於在現實主義的國際社會中，台灣在國際間的權力與地位的與大陸處於一種物質權力高度「不對稱」的狀態，這使得在運用現實主義所倡議的政策上，台灣只能選擇做為美國強權的扈從，而缺乏

自主與選擇的空間。

　　在做法上，台北以現實主義的安全觀邏輯在思考問題，為了依靠美國，只能不停地美國購買武器，希望能夠提升自己的防禦能力。可是台北方面似乎有意忽略了，台灣安全所仰賴的《台灣關係法》並不是建立在華府與台北所簽署的共同防禦條約，而是依靠美國單方面的國內法，因而台北與華府在安全關係上是不對稱的，台灣不是以同盟，而是以做為美國的「扈從」來維護台灣的安全。這於是產生了一個核心的「大哉問」？美國會先考慮美國的利益還是台灣的利益？為了「被保護」要付出的代價是甚麼？這是台灣用現實主義做為台灣安全觀的必然困境，因為現實主義強調的是國家利益，台北只要選擇了這樣的思維，就必須接受隨時被美國「出賣」的可能。

　　所謂「軍購」、「毒蠍戰略」、「境外決戰」、「有效嚇阻」都曾經納入台北的安全戰略思維，這些主張也都是屬於現實主義的安全觀，看似一種策略，但是決策者卻很少告訴人民效果如何。

　　例如，到底多少的軍購才夠防禦台灣，多少國防預算才是合理？「毒蠍戰略」或許可以一次傷及對方，但是台灣有無足夠的物質及精神能力進行一場持久性的戰爭？「境外決戰」更是一種政治語言，只是為了告訴人民不會在台灣內部開始戰鬥，但是北京就一定會按照「境外決戰」的邏輯與台灣玩嗎？所謂「有效嚇阻」的說法，也是完全忽略了「嚇阻」的真正意涵。「嚇阻」一詞出自核子時代，表示有能力在受到對方攻擊後，對對方進行毀滅式攻擊的「第二擊」能力。台北既無核子武器，更無對大陸進行毀滅性的「第二擊」能力，所謂「有效嚇阻」其實也是用國家安全來綁架軍購的一種說詞而已。

　　在冷戰時期，台灣還可以清楚地選擇做為美國東亞戰略的一環，但是在冷戰後，特別是經貿全球化，而且中國大陸已在快速崛起，台灣如果還是持這樣的現實主義安全觀，已經顯得不務實與過時。到目前為止，從國防部所公佈的「國防報告書」來看，台北方面在思考安全時，還是以中國大陸為唯一的假想敵，但是另一方面政府又不斷告訴人民，ECFA 是多麼重要，並呼籲更多的大陸觀光客與採購團來台。從邏輯上來說，這兩者之間是矛盾的。現實主義在思考安全時，第一個問題就是「敵人」在哪裡？台北不可能一方面將北京視為最大且唯一的「敵人」，然後購置大量軍備對抗；另一方面又將大陸視為台灣經濟發展的重要奧援，鼓吹 ECFA 與兩岸更進一步的經貿交流。

　　作為一個以外向經濟發展為導向的國家，台灣更需要一個和平與穩定的環境。對台灣而言，中國大陸是整體對外關係中不可或缺的重要一環。如果台北仍然把北京當成唯一假想敵，即使用盡先有的「軍購」、「軍事力量」、「與美日的（虛擬）同盟」、「毒蠍戰略」、「境外決戰」、「有效嚇阻」等方法，根本不能夠維持安全。以兩岸現有物質權力愈來愈不對稱的現實情況下，台北首要之務就是放棄把北京做為首要或唯一的假想敵思維，如此也就自然不會採取現實主義的方法來追求兩岸和平。

（二）北京以現實主義處理兩岸關係的後果

　　不只是台北，北京在思考兩岸問題時，也是自然而然地以現實主義思維做為解決兩岸關係必要的選擇。北京認為台灣

有可能走向獨立,因此迄今為止仍然不願意放棄武力或武力威脅。在北京眼中,武力是針對台獨,而非一段人民,但是大家都知道,飛彈不會長眼,專打台獨,台北的政治人物,因而很容易將其詮釋為中國大陸對於全體台灣人民的威脅,因而給予可以操弄北京為威脅者的空間,進而疏離兩岸的認同。台灣的多項民意調查顯示,兩岸認同並沒有因為馬英九的上台或經貿的密切交流而拉近,其原因之一即在此。

北京武力威脅台北,也給了美國可以介入台灣軍購一個很好的藉口,也讓美國可以在台灣幾乎是予取予求。簡單來說,只要兩岸無法擺脫現實主義安全觀的思維,美國即可輕易地從中獲利,一方面塑造北京對於東亞安全的威脅,另一方面合理化其軍售台北的行為,還可以台灣保護者的角色出現。

現實主義在兩岸關係中的另一個展現就是兩岸在國際空間上的較勁。1949 年起兩岸除了軍事的對峙外,最重要的衝突戰場就是聯合國席位與邦交國家的爭取。外交上的競逐充滿著現實主義的零和博奕,背後正是主權與國家利益的思維。

不僅在正式外交上,一般的民間外交場域也難避免現實主義的思維,不論是拉扯國旗或是參與名稱,兩岸國際參與的競逐並沒有因為經貿關係的改善而結束。2008 年 5 月馬政府上台以後推動「外交休兵」,但是如果從現實主義的思維來看,「和平」是不確定的,「衝突」才是常態,因而,「休兵」有可能只是暫時現象,一旦兩岸關係出現變化,外交上的競逐必然會重新再現。

如果兩岸持續用現實主義的手段來處理兩岸關係,那麼結果就是雙方不放棄武力的思維,如果兩岸最後要用武力來解決,那是中華民族的不幸,是兩岸的雙輸;如果兩岸一直處於

威力威脅與防衛,焦慮與恐懼將會促使兩岸人民的認同歧異愈來愈大,有可能將兩岸關係變質爲「異己關係」。

總而言之,在思考兩岸關係和平發展時,我們應該盡量排除用現實主義的安全觀來處理兩岸關係。對於台北來說,放棄台獨的選項,堅持自己是個「不分裂整個中國」的「非獨政府」,就不會有兩岸武力相向的可能,對於北京來說,面對一個不獨的台灣,沒有任何理由再使用武力或武力威脅。這也是我在〈論兩岸統合的路徑〉一文中所提「兩岸安全相對化與階段化」的看法。

(三)現實主義的概念仍然重要

現實主義者對於解決兩岸關係的方法固然不足取,但是對於兩岸關係所關切的問題,例如,主權、國家利益、權力等,卻是兩岸互動中不可迴避與必要的觀念。

兩岸從 1949 年起即陷入了主權之爭。主權之爭所展現的行爲就是國家利益與權力的較勁。「主權」毫無疑問的是現實主義所強調的核心價值。兩岸在憲法上均堅持「一中憲法」,在冷戰時期是「正統」之爭,但是在台灣民主化以後,兩岸進入「統獨」之辯。

1992 年曾有的「一個中國、各自表述」(一中各表)權宜認識,事後證明,無法處理兩岸有關的主權爭議,致使兩岸互信無法建立。迄今爲止,現實主義的手段仍然主導著兩岸的思維,因此,如果我們刻意忽略主權,以及由主權而衍生的利益與安全等問題,不可能真正處理兩岸問題。

「一個中國」原則是北京最在意的堅持,「兩岸平等」

是一個民主化台灣很難讓步的底線，如果能夠調和此二者，問題自然可以迎刃而解。這也是我們主張對於「一個中國」問題，應經由兩岸協商，確定如何「共同表述」，即「一中同表」，而不是「一中各表」。兩岸的核心問題在於「一中」，即「一中的內涵是甚麼」？這個問題不處理，雙方只是用現實主義的思維來拖問題，只會讓兩岸認同愈來愈遠。這也是在 2010 年 1、2 月期間，我與聯合報就「一中各表」還是「一中同表」進行辯證的原因之一。

從以上的分析來看，以現實主義的手段來追求和平的方法雖不可取，但是它所注意的問題，特別是主權等核心利益問題，是兩岸不可能迴避的。因此，在討論新自由主義與社會建構主義的思維是否有助於兩岸和平時，首先必須要處理主權歸屬的問題。簡單地說，就是必須處理「一個中國」主權的歸屬問題。

以新自由主義推動兩岸關係：雖有限制但值得採行

（新）自由主義雖然也同意國際體系是處於無政府狀態，但是並不同意和平一定需要依靠彼此間的權力制衡來達成。新自由主義認為由於國際行為者之間的相互依存，無政府狀態的國際社會可以透過合作，特別是國際制度來降低戰爭的危險，並創造和平。

新自由主義認為，當前的國際問題並非只有戰爭與和平兩大問題，也不僅在探索戰爭的根源與和平的條件而已，全球

的社會、經濟、環境等問題都需要著墨。相對於現實主義認為國際體系是無政府狀態，新自由主義並不反對，但是更強調因為交往而生的全球社會及複合相互依存現象。

不同於現實主義認為國際體系的主要角色是國家，新自由主義還凸顯國際組織、非政府組織、企業以及個人在國際體系中的行為者角色。新自由主義認為相互依存會產生擴溢（spill over）的現象，無論是合作的廣度與深度都會增加，各成員間雖然彼此在相互依存的環境中競爭，但是競爭對手實力增長也會成為自己一方創造繁榮的條件。支持新自由主義論者也認為兩岸如果能夠建立起複合式的相互依存，兩岸的和平與安全將是可期的目標。

(一)兩岸均贊同新自由主義的交往互利觀

首先，新自由主義的兩岸經貿交流思維可以化解彼此敵意，但是無法增加認同。1991 年台北國統綱領的觀點即是以新自由主義的部分精神來推動兩岸之間的互動。國統綱領明確的表示，「以交流促進瞭解，以互惠化解敵意」、「擴大兩岸民間交流，以促進雙方社會繁榮」。中國大陸基本上也認為兩岸交流有助於中國未來的統一，因而積極吸引台商前往投資並推動三通及各項交流。

事實上的發展並不如預期，因為兩岸經貿交流仍有著現實主義的思維。台北方面有不少人懷疑所謂的「惠台政策」，只是另一種形式的「賄台政策」，擔心兩岸經貿互賴只是另一種形式的「經濟消化」台灣，他們認為經貿交流的目的只是為了「以商促統」。因此，兩岸經濟相互依存度的提升並沒有使

得雙方的認同有強化現象。即使在 2008 年 5 月馬英九執政後，台灣人民對於是否爲「中國人」或「是否贊成統一」的比率仍然繼續滑落。

不過，我們也必須承認，兩岸經貿交流在改善台灣人民對於大陸政府與人民不友善的態度有明顯的改變。例如行政院陸委會的民意調查顯示，在 2007 年 8 月台灣民眾對於「大陸政府對我政府不友善與對人民不友善」的比率分別爲 63.8%與44.1%，但是在 2009 年 9 月的比率則分別下降爲 45.1 與 38.7。這兩組數字顯示，兩岸經貿交流有助於化解敵意，但是無法增加認同。這也顯示出，新自由主義追求安全與和平的方法是有益的，但是也有它的侷限。

其次，新自由主義者認爲國際機制的存在有助於成員國彼此之間的合作，但是兩岸在國際機制中的參與，由於政治權力的不對稱，使得兩岸在政府間組織的比率過於懸殊，因此新自由主義希望能夠透過國際機制強化和平安全的構想，落實在兩岸時有其環境性的限制。

我們自然希望兩岸能夠在國際組織中共同參與，並藉此強化合作，但是在兩岸核心爭議沒有解決前，新自由主義在這一方面的論述是無法適用於兩岸。不過，新自由主義的「機制有用論」同樣適用於兩岸共同簽署的協議。兩岸如果能夠簽署多項協議，透過有制度的交往，並因而形成一些可以共同運作的機制，推動共同政策，那麼對於兩岸是絕對有益的。另外，如果兩岸核心爭議得以解決，雙方可以共同在國際組織中共同參與，對於兩岸的和平發展當然更是一項利多。

（二）經濟的合作不一定會自動擴溢到政治的
　　合作

　　第三、更深一層來探討新自由主義，它所說的相互依存並非表示所有相互依存世界中的成員均為對稱。基歐漢（Robert O. Keohane）與奈伊（Joseph S. Nye）提出了「敏感性」（sensitivity）與「脆弱性」（vulnerability）兩個重要的概念，以強調權力在相互依存中的作用。「敏感性」指一個行為體對於環境變化受影響的程度；「脆弱性」則是指一個行為體對於中止一項關係所要付出的代價。當這兩個因素出現高度不平衡時就產生了「依賴」的現象。吉爾平（Robert Gilpin）認為在經濟學的世界中相互依存絕對是「不對稱性」的，即所謂「不對稱的相互依存」或「相互依存的不對稱性」（asymmetric interdependence）。即使是基歐漢與奈伊，也在其著作中提醒讀者注意，「不要將相互依存完全侷限於均衡（evenly balanced），最有可能影響行為體應對過程的是「依賴的不對稱性」（asymmertries in dependence）」。

　　兩岸經貿交流日益密切，台灣有不少人擔心是否會形成對中國大陸的長期依賴，終而被北京完全吸收消化。從上述西方學者的看法中，我們可以了解，「不對稱」並不是一個不正常的現象，而是經濟交流必然的情形。兩岸未來經貿因為相互依存提高而伴隨產生的「不對稱」現象並不需要過於強調其威脅性，而是應該想辦法讓這些「不對稱性」如何不會形成彼此的猜忌或衝突。在這個觀點上，社會建構主義學者，經由社會

學的觀點為國際關係提出了一些觀念性的思考。

新自由主義者所提出的「相互依存」觀點,是國際關係某些現象的一種描繪。從自然的法則來看,「交往」本來就會造成「合作」與「衝突」兩種不同的結果,值得討論的是甚麼樣的機制合作,會促使成員國往合作的光譜移動,而不是加速往衝突的光譜傾滑。

自由主義基本上是希望能夠透過經貿的合作或國際建制來解決安全上的政治問題。不過,兩岸關係本質是一個政治問題,經濟與政治固然會有影響,但是經濟的本質是利益,政治還包括認同,因此,經濟上的合作並一定會自動地擴溢到政治上的合作。

對兩岸而言,兩岸在不同領域的事務上,也呈現著「不對稱的相互依存」關係,如果互動逐漸廣大或深化,這種「不對稱」關係極有可能持續傾斜,因此,如何在兩岸互動過程中,讓彼此均能真正受益,不以一方受害為代價,新自由主義所強調的「機制」就有其必要性。在這一方面,歐洲統合提供了一個不是僅是以「合作」為目標,而是可以強化認同,一種屬於「共同體」概念的「機制」,透過「共同體」成員「平等不對稱」的結構設計,一方面顧及了成員間權力不對稱的事實,但是又符合成員間平等的原則,讓處於權力弱勢的一方也可以公平與安心地與權力強勢者一方相處。

在兩岸交往中,固然要採行新自由主義的精神,而且更進一步的思考,如何經由共同的「跨兩岸機制」與「超兩岸機制」來重塑彼此的共同認同。也就是說,兩岸應該不止是從政治、經濟的觀點,也從社會學的角度來思考兩岸未來的走向。在這一方面,社會建構主義的思維是值得探討的。簡單的說,

我們贊同兩岸持續的密切經貿交流，但是也要提醒兩岸，僅是物質性的交流是不夠的，兩岸應該也在涉及文化、價值等維度進行深度互動，也需要藉由共同機制的建立與參與來相互適應學習，如此才能讓兩岸的合作從經濟外溢到政治的領域。

以社會建構主義重塑兩岸認同：和平發展與邁向終極目標的必要作為

社會建構主義基本上並不否認現實主義以「國家中心論」為依據的核心觀點，但是並不同意國際社會必然會成為現實主義者所描繪的「弱肉強食」的世界。社會建構主義認為每個國家在行為時，都是基於它的「理念」（Idea）。「理念」決定了國家的行為。國際關係中「理念」思維的形成，包括相互理解、共同知識、價值與規範。經由相互的交往，而形成了「互為主體」（Intersubjectivity），並據此形成了國際間的互動關係。因此，國家間並不必然先天即存在著衝突、合作或共存的關係，完全取決於彼此如何認定對方。

用通俗的話說，「你把對方當成朋友，兩人就可能形成朋友關係；把對方當成敵人，就可能形成敵人關係」。換言之，社會建構主義者認為，無論是合作與衝突，都不是無政府狀態國際社會的必然結果，它們取決於國際社會成員如何建構它們彼此間的關係。

社會建構主義認為，新現實主義所主張的「霸權」、「平衡」、「均勢」，以及新自由主義所主張的「交往」、「機制」，

固然有助於國際和平的實現，但是這兩個主義主張的共同缺點在於，它們所形成的國際結構對於國家的制約只是暫時且強迫性的。

社會建構主義者溫特（Alexander Wendt）認為，雖然國際體系都是無政府狀態，但並不是所有國家間的體系都是一致。溫特提出了三種不同類型的體系：第一種是將其他成員當作「敵人」的「霍布斯國際體系」（Hobbesian International System）；第二種是將其他成員視為「對手」的「洛克式國際體系」（Lockean International System）；第三種是將其他成員視為「朋友」的「康德式國際體系」（Kantian International System）。例如，冷戰時的美蘇可以算是「霍布斯式體系」，美國與日本可以視為「洛克式體系」，美國與歐盟間可以歸納為「康德式體系」。

我們可以將溫特的體系再擴充一個共同體關係的「莫內式的體系」，用它來詮釋目前歐盟各成員國間所形成的體系。至於兩岸關係，我們可以更進一步讓它成為一個「整個中國」為框架的「內部體系」。如果說，「莫內式的體系」中各成員是「親戚」關係，那麼兩岸則是同一個家庭內的「兄弟」關係。

如果要建立「永久式和平」，不可能僅是依賴強權或霸權下的強制約束，也不僅是源於收益與成本計算而來的社會契約規範。真正的國際和平只有建立在國家自律、自願、互信與集體認同的基礎上才能夠達成。歐盟與美國是「朋友式的和平」，彼此有著相同的制度性認同，歐盟成員國間更有著文化、制度與同為歐洲人的共同認同，為「親戚式的和平」。至於兩岸，我們必須發展出包括文化、制度與同屬整個中國的認同，為「兄弟式的和平」，兩岸才有可能奠定永久和平並往最終統

一邁進。

　　現實主義與新自由主義認為「和平」可以經由外在的安排而達成，社會建構主義則認為，這兩種主義都是屬於「物質主義」，亦將「和平」視為一個「物質」概念。我在多篇文章中所提出的「共同體和平」，不同於現實主義的「權力式和平」及相近於新自由主義的「互利式和平」。在「共同體和平」的概念中，國際關係結構或國際社會結構的本質是「觀念結構」，而非僅是「物質結構」，它是經由兩岸互動與話語的實踐而完成。外在的國際制度結合內在的觀念結構，不但可以制約著兩岸的行為，而且可以推動兩岸的制度認同，以及基於認同而形成的利益觀。因此，相對於現實主義與新自由主義的「權力」、「利益」、「交往」等核心概念，社會建構主義的核心概念則是「認同」。簡言之，沒有共同的「認同」，人們不可能有「永久的和平」，兩岸也就沒有可以持久的和平發展。

（一）兩岸互動時應積極建立重疊認同的政策

　　海峽兩岸在處理兩岸問題時，一直忽略了將建構兩岸的「重疊認同」作為政策的核心。「認同」不僅包括國族、文化，也包括制度與價值。在台灣，無論是國民黨或民進黨的政府，都強調自由主義所稱的「民主」與「自由」。國民黨在國統綱領期間，是持「民主和平論」的觀點，認為民主、自由、均富應該是兩岸共同走向統一的核心價值，但是在李登輝的執政後，已經將自由與民主做為區別與大陸不同的防禦性工具，做為兩岸無法走向統一的理由，並用其操弄兩岸的認同。民進黨主政時，更用「民主」與「自由」來凸顯台灣與大陸的不同，

不思如何透過制度性的合作，讓兩岸人民共同學習與共享彼此
的價值，反而是刻意讓自由與民主的「價值觀」，作爲拉開兩
岸人民認同的工具，成爲兩岸爲沒有隸屬關係的「一邊一國」
的認知基礎。

　　基於兩岸政治上的長期隔閡，在兩岸互動初期，雙方是
以戒慎恐懼的心情面對一個曾經以武力對峙數十年的敵人。無
論是在「爭正統」階段，還是後來的「各說各話」時期，雙方
的政府都是以「物質主義」做爲兩岸關係的主要思考，而缺乏
對於以建立兩岸共同認同爲目標的政策思維。

　　近年來，兩岸的經貿文化交流日益頻繁，但是由於雙方
缺少足夠培養「重疊認同」的政策，使得兩岸間的敵意並沒有
減少。雙方政府不僅沒有脫下白手套，也沒有放下手上的武器
和彈藥，雙方口中喊的是新自由主義的「合作」，但是骨子裡
仍然盤算著現實主義者在意的「得失」。這使得兩岸人民的認
同與兩岸交流不存在著「正相關」的關係。

(二)推動統合的目的在推動重疊認同

　　「統合」與「整合」的概念不同，「整合」的基礎是成
員間有著相互依存的利益，彼此願意透過更便捷的方式促使成
員間更進一步的合作與互動，但是成員間並沒有發展出共同的
政策或超國家機制。例如世界貿易組織（WTO）、「東協加
一」等均只能算是全球或東亞的整合，而非統合，不涉及政治
或文化認同問題。「統合」是「整合」的更深階段，表示成員
間不僅在某些議題上已經形成了共同政策，也共同成立超越成
員國權力的常設機制，也願意追求彼此的「重疊認同」。

　　因此，以「統合」爲精神的「共同體和平」與一般以「整

合」爲目標的「國際機制的和平」在意義上是不相同的。在目前的國際機制中，仍舊是由主權國家所組成的機構，即使是如WTO 與亞太經合會（APEC）等機構，容許經濟體的加入，但是在運作時，「權力」與「利益」仍然主導著「如何分配利益」。相對的，作爲歐洲統合機制的歐洲共同體，當然也有「如何分配利益」的爭議，但是也有培養彼此認同的「超國家機構」與「共同政策」等統合作爲。這使得歐洲共同體會員國間的社會共識可以隨著時間，藉由機構的成長而逐漸深化與鞏固。換言之，一般國際機制是以協調各會員體利益爲主，但是歐洲共同體更多了一個培養「重疊認同」的機制。

雖然杜意奇（Karl W. Deutsch）曾用「多元安全共同體」來建構其理想的和平模式，但是杜意奇所稱的共同體，主要是國家間各種議題多面向的交織，在他看來，美國與加拿大，或者北約盟國間均可以「多元安全共同體」稱之。不過，筆者認爲，如果要合乎建構主義者所凸顯的核心價值「認同」來看，杜意奇所稱的「多元安全共同體」仍舊屬於新自由主義所推崇的範例，而不能算是社會建構主義者所理想的模式。當今世界，目前也只有歐洲共同體合乎社會建構主義者的期望。兩岸如果建立長久的和平關係以及未來的良性統一，參與歐洲統合經驗，建構有助於兩岸「認同」的多樣性「兩岸共同體」應該是值得追求與建立的。

結語：以兩岸統合推動兩岸治理

　　兩岸人民是有智慧的，兩岸互動的腳步並沒有因為存在著統獨爭議而裹足不前。在兩岸和平發展階段，我們應該用甚麼樣的心態與方法來推動這個進程？多年前的著作中我已經提出「兩岸治理」的概念（〈論兩岸治理〉，《問題與研究》，2003 年 11、12 月號），希望兩岸在統一前，就已經可以相互攜手合作，共同治理兩岸中國人的相關事務，如此可以不止加深了彼此善意的重疊認同，也加強了兩岸共同因應外來的挑戰。我們可以做這樣的認識：「讓兩岸和平發展成為兩岸共同治理期」！

　　兩岸關係的錯綜複雜，夾雜著歷史的恩怨、民族的使命、經濟的誘因、政治的排他、制度的差異、人民的情緒、強權的利益，使得兩岸要開始共同治理整個中國人的事務的確有它的困難度。這也是現實主義如今仍主導兩岸關係的最主要原因。在本文一開始提及，理論不僅是解釋與預測，更包括為政者的政治意圖在內。國統綱領支持新自由主義的論述，強調交流，以期化解敵意；維持現狀或兩個中國（獨台）的主張者同時強調現實主義的重要，柔性與穩健台獨者則是凸顯現實主義與社會建構主義的功能，他們一方面主張強化軍事力量，一方面在文化國族認同上與大陸切割。

　　我們認為，在處理兩岸關係時，現實主義的概念很重要，不可忽視，但是現實主義的方法是不足取的。新自由主義的理想非常好，其方法也值得採行，但是在應用在兩岸關係時，仍

然有其不足之處。新自由主義對於兩岸來說，是個必要條件，但卻不能成為一個充分條件。至於社會建構主義所強調的認同，則是兩岸能夠達到長久和平，最終邁向統一的充分條件，沒有共同的重疊認同，不要說統一，連現在的和平發展都會變得脆弱。

「一中三憲、兩岸統合」的思路基本上是顧及到了這三種理論的基本核心論述，也滿足了其追求和平的目標。「一中三憲」是用來處理兩岸定位與目標，「兩岸統合」是兩岸互動的架構，也是兩岸在走向統一過程時的「共同治理」型態。

「一中三憲」主張兩岸同屬整個中國，尊重兩岸憲法均為「一中憲法」，雙方主權主張重疊。基於憲法與民族使命，彼此承諾不分裂整個中國，也基於現實，接受兩岸為平等的憲政秩序主體，並共同追求整個中國的憲法化。這樣的看法，顧及到了現實主義所在乎的「主權」（主體性），是一種雙贏的安排。「兩岸統合」基本上是融合了新自由主義與社會建構主義的一些主張，以新自由主義所強調的「互惠互利」來追求兩岸的雙贏，以建構主義所在乎的「認同」做為兩岸推動相關政策的目標。強調兩岸應簽署和平發展基礎協定，並同時在文化、經濟、貨幣、身分、國際參與、安全等議題上，以「共同政策」或「共同體」的方式來推動這些議題。

兩岸統合學會所希望推動的七大夢想，就是為強化兩岸的共同認同而努力！

【本文原刊載於《中國評論》月刊 2010 年 4 月號，總第 148 期】

兩岸統合的實踐

前言：七大夢想的實踐

2009 年 4 月在《中國評論》刊登〈論兩岸統合的路徑〉一文，揭示兩岸統合的七大夢想，它既是統一的必經之路，也是兩岸和平發展時期的互動進程方式。

這七大夢想的核心宗旨即強化兩岸同屬整個中國的國族認同，其做法是希望透過統合體（共同體）的方式來推動。第一、推動和平協定的簽署，以確定兩岸未來和平發展的基礎，並為兩岸同屬整個中國的國族認同奠定法律基石。第二、強化兩岸文化統合，以促使兩岸能夠透過文化、歷史方面的認同，為兩岸同屬整個中國的國族認同奠定文化基礎。第三、推動兩岸貨幣統合，透過「華元」的發行，讓兩岸商業互利並減少人民交易成本，以助於提升兩岸的國族認同。第四、進行兩岸的經濟統合，實踐兩岸共同治理為目標，以補強兩岸目前在國族認同建構過程中所缺乏的制度認同。第五、推動兩岸身分統合，透過「中華卡」的發行，讓兩岸人民可以方便往來，並強化兩岸同屬整個中國的身分認同。第六、建立兩岸安全認同，推動軍事互信機制的建立，讓兩岸不在武力或武力威脅下和平發展，共同維護整個中國的主權與領土完整；第七、協商安排兩岸在國際間的共同參與，一方面可以顧及台灣人民對於國際參與的殷切期望，另一方面可以在國際間為整個中國的利益共同做出貢獻。

本文是從 2008 年 10 月在《中國評論》發表〈兩岸和平發展基礎協定芻議〉一文以來，一系列文章的最後一篇，也是

未來另一系列的開端。請容許我將這七大夢想的精神與行動方案，做一精要的陳述，以為本系列的結論。

和平發展的基礎架構

〈兩岸和平發展基礎協定芻議〉一文刊出以後，兩岸學術界對於「一個中國」與「兩岸政治定位」的討論，進入一個新的歷史期，有不少學者專家亦透過《中國評論》相繼表示高見。

從 2009 年 6 月開始，我與兩岸統合學會的朋友開始了我們的請益之旅，分別在北京、台北與日本舉辦了近十場的正式研討會與若干小型座談會。在這些對話過程中，民進黨基本上還是以台獨做為最終目標。國民黨的基本立場是「一中各表」，但是對於「一中」的定義並不一致，有時以「民族說」來界定，有時以「憲法說」來表達。「民族說」指在一個中華民族的屋頂下，中華民國與中華人民共和國為兩個主權獨立的國家，這種論述等同於「偏安說」，也等同於「兩國論」。「憲法說」比較合乎道理，但是馬英九的「台灣是中華民國」與「台灣前途由 2300 萬人共同決定」的說法，又讓「憲法說」出現矛盾。

《聯合報》主張「一中各表可以讓過程與目的接軌」的說法，也不為北京學者所接受。2010 年 4 月在日本本栖會議時，資深兩岸研究專家許世銓先生即表示，當前兩岸都追求和平發展，但其過程對大陸而言是「過程為了目的」，可是台灣卻是「過程決定目的」。許世銓的看法，清楚了反映了大陸的

觀點，即兩岸在「一個中國」與「兩岸政治定位」如此核心重大問題上，宜建立「同表」的共識，而非衍生「各表」的空間。

在討論兩岸政治定位時，必須站在現狀與目標的兩個基礎上思考。忽略現實，將是沙丘建塔，沒有目標，等於逃避問題。我與兩岸統合學會朋友對於兩岸定位的主張是「一中三憲」。「一中三憲」兼顧了兩岸現實，也彰顯了未來的目標。至於未來兩岸走向的路徑則主張「兩岸統合」，透過統合體（共同體）與共同政策的推動，讓兩岸可以進行共同治理並建立重疊認同。

兩岸在「主權、治權、權力」方面的三個現狀為：第一：兩岸現行的憲法都是一中憲法，其主權與領土宣示所及的範圍重疊；第二：兩岸各自在其憲政秩序下行使互不隸屬的治權；第三：兩岸在物質的權力上，的確處於不對稱的狀態，大陸在國際上各方面的影響力正與日俱增，兩岸有形國力的差距也在加大之中，不過台灣在某些軟權力上，當然也有著一定的優勢。

在上述的事實現狀認知下，我們認為主張「整個中國」乃是由兩岸共同組成，其主權屬於兩岸人民所共有與共享，而兩岸則是整個中國內部的兩個平等（但不對稱）之憲政秩序主體，未來宜用兩岸共同體的方式來建立框架，推動和平發展的路徑。

對現狀要有共識，對未來的走向也必須要有共識，才真正能夠保證兩岸和平發展。我們主張兩岸從簽訂和平協定開始，透過種種對憲法具有拘束力的協議或是共同體的建構，來逐步搭建起一個可稱之為「第三憲」的框架，也是北京所稱的「一中框架」。第三憲可以、但不必然是一本成文憲法，它可以是與現行兩岸的兩部憲法一起，來共同維繫整個中國的主權

與領土的完整，並保障兩岸人民都能共享中國主權，共同來治
理整個中國的一個樑柱式的法律架構。至於未來兩岸是否要逐
步讓這第三憲取代原有的兩憲，以成為一個「一中一憲」的中
國，則可以視在「一中三憲」的框架下之統合過程而定。總結
地說，「一中三憲、兩岸統合」既保障了兩岸和平發展的過程，
也為兩岸走向統一的目的，開闢了一條具體且可依循的道路。

　　基於以上的認識，草擬兩岸和平發展基礎協定草案如下：

兩岸和平發展基礎協定草案

協定當事雙方認知到整個中國自一九四九年起處於分治狀
態，但仍同為中華民族一份子之事實；

鑒於促進中華民族復興與國家和平繁榮乃兩岸人民共同的責
任，認識到兩岸同屬整個中國、雙方平等相待是促進和平的基
礎，也了解到建立兩岸統合機制是和平發展的路徑；

基於兩岸人民的共同利益，同意結束敵對狀態，創造兩岸合作
條件之願望，爰達成如下協議：

第一條

兩岸承諾不分裂整個中國，共同維護其主權領土完整。

第二條

兩岸同意並尊重對方為憲政秩序主體，在平等之基礎上發展正
常關係。

第三條

兩岸同意不使用武力或以武力威脅對方，完全以和平方式解決
雙方歧見。

第四條

兩岸決定在雙方同意之領域成立共同體，以促進合作關係。

第五條

兩岸同意在國際組織中合作。雙方在國際組織之共同出現並不意含整個中國之分裂，並有責任共同維護中華民族之整體利益。

第六條

兩岸同意互設常設代表處。兩岸互設代表機構以及在國際間代表性之地位與方式，將另行商定之。

本協定須經雙方憲政程序批准，並自換文之日生效。

簽署人：

北京中國之政府代表○○○　　　　台北中國之政府代表○○○

　　這一份草案與 2008 年 10 月在《中國評論》發表的〈兩岸和平發展基礎協定〉草案內容基本的理念邏輯是一致的，只是在多次與兩岸學者溝通意見後，對於文字做了一些微調，讓其更為精簡與周延。例如，原有的第三條所要陳述的精神，現有第二條「兩岸同意並尊重對方為憲政秩序主體，在平等之基礎上發展正常關係」已經可以表達，因此將該條刪除。

　　在多次請益過程中，北京有學者認為，如果接受了兩岸為憲政秩序主體，台北卻以民主程序走向台獨怎麼辦？同樣的，也有台灣學者認為，北京仍有可能動用武力。還有學者提出，兩岸和平協定是否需要中止條款？監督條款？我的看法很簡單，兩岸和平協定是一個政治性承諾與宣示性的法律文件，它

既是爲了建立互信，也是建立在彼此的互信之上，如果雙方違反約定，協定自然就失效，不需要中止，更不需要監督條款。它是兩岸和平發展的基石，兩岸如果同意簽署，就應該用最莊嚴的誠意來遵守，這也是偏好使用「協定」而非「協議」爲名稱的原因之一。

文化統合

　　相較於一般經濟交流，文化統合是屬於深層的統合，也是最重要的一環。毫無疑問，文化的展現與傳播大多數是透過文字，同樣的，集體的文化認同，也是經由語言與文字及其所創造出來的歷史記憶所建構。通過歷史，我們很容易分辨出，誰是「我群」，誰是「他群」。

　　一般人往往以爲文字發展大趨勢是簡化。其實恰恰相反。人類的文明如果向著繁化發展，文字就會趨向繁化。相反地，如果因爲戰亂，人類的文明向著簡化發，文字就會趨向簡化。

　　中國歷史上，大部分簡體字勃興的時代，往往都是因爲連年戰亂，民不聊生。所以文字書寫趨向簡化，如戰國時代、魏晉南北朝……等。但是，一旦戰爭結束，豪傑之主統一天下，不要多久，文字就像其它事物一樣，立刻趨於雅正，漢唐盛世向世人展現的，正是這樣的一個面貌。

　　在這裡，我們暫時放下繁體字或簡體字誰優誰劣的爭議，而應該認識到文字書寫的差異，已經讓兩岸人民的認同產生影響。文字書寫與閱讀的差異，當然不是認同分歧的主要因

素，但是它卻是個十足不可忽視的助長力量。

　　中國大陸從 1956 年開始正式實施簡化字，台灣則一直維持使用傳統漢字。在兩岸對峙時期，文字的繁簡差異，變成一個政治圖騰，兩岸連文字都誓不兩立。但是，從幾千年的歷史來看，除了少數新造的簡字外，繁簡字其實都是歷史上早已存在的一家親眷，和平共存多年，各自擔負著不同的任務。在兩岸融冰之後，仔細省思當前的文字問題，我們以為回歸傳統，繁簡並存是一個最理想的解決模式。在大陸，採用「繁簡並存，識繁書簡」，在台灣則採用「正簡並存，識簡書正」，則兩岸溝通，古今傳承都可以圓滿解決。

　　簡體字有其實用的地方，但是過於簡化，易失去原義，因此還有改善的空間。2009 年 9 月，兩岸統合學會在北京與中國社會科學院台灣研究所舉辦「兩岸和平發展路徑研討會」時，台灣的玄奘大學文學院院長季旭生，特別撰文表示，兩岸繁簡文字並存並用的目標，其實不難，只要把簡化字中的「同音替代」和易造成「同形異字」的新字大約 157 條放寬就可以了。

　　我們認為簡化字階段性任務的完成，應包含以下幾項適度調整。我們同意北京王寧先生、董琨先生的看法，首先，需要先調整三種問題最大的簡化字：一是「同音替代」，比如干犯、乾淨、幹部、主幹，都是用的同一個「干」。二是「符號替代」，像是邓的又部，灯的丁部，澄的登部，在繁體字中都是登，簡化之後，反而成了三個字。三是「草書楷化」，某些簡化字以草書代替正楷，然而，草書與楷書之間很多是不協調的。

　　季旭生院長表示，這三種簡化的認定，還有寬嚴的問題，可以再討論。只要把這三種簡化字略作調整放寬，剩下的簡化

字並不會造成文字論述時辨義的困難,那麼絕大多數的人仍然可以照樣寫簡化字,不必改變。對於要與傳統文化接軌、認識傳統漢字、學習傳統文化,只要採取「識繁書簡」就可以解決了。認識繁體字其實並不難,尤其在傳媒、演藝歌唱事業高度發達的今天,很多人看電視、學唱歌就已經足夠認識繁體字了。認得繁體字,能跟傳統文化接軌,才能吸收五千年博大精深的文化,才能體會到身為一個強大的文明古國的驕傲。繁簡兼收,有容乃大,這才是一個泱泱大國的氣象。

如果只要改 157 個不合理的簡體字,就可以讓兩岸文字趨同,北京何樂不為呢?如果能夠同意未來在商業市場上讓繁簡並存,提升人民對於傳統中國文字的了解,對於增加兩岸人民對於文字的共同認同必有助益,北京是否可以為了民族的長遠發展而願意做修正呢?

至於在歷史記憶方面,兩岸從 1949 年起分治,隨即陷入國共內戰體制,在「共匪」與「蔣幫」的教育下,兩岸對於彼此的經驗是陌生的,政治方面的對峙使得兩岸在政治認同上產生隔閡。1987 年台灣開放大陸探親,兩岸交流開始啓動,看似有了增加彼此認同的機會,可是,隔著台灣的政治發展,近十餘年來,台灣教科書在 1990 年代中期開始,台灣史與中國史區隔對待。整個台灣史是以被殖民主義的論述所籠罩,把荷蘭、明鄭、清、日本、乃至中國國民黨都視為外來政權。現在年輕的一輩,大多數在心裡認同上,已經是把「中國」與「台灣」視為兩個國家來看待,這不能不說是教科書也發揮了「潛移默化」的結果(請參考謝大寧,〈國族建構與台灣前途未定〉,《中國評論》,2009 年 8 月號)。

　　兩岸必須經過一個重新認識的階段,兩岸文化統合也包括如何共同重新詮釋中國現代史的進程。在這一方面,兩岸統合學會主張應該將兩岸目前的分治,歸因於中國百餘年來現代化的嘗試與角力所造成,雙方應該從彼此的成敗經驗中去回顧歷史與展望未來。在這一方面,兩岸統合學會將會在 2011 年推出「百年中國」一系列的文化認同工作,希望將「整個中國的現代化-1945 年以前的試驗-台北政府的試驗-北京政府的試驗」做為範疇,透過檢討與反省來重構兩岸的重疊認同(這一部分請容後再專文論述)。

　　「美麗浪花、磊磊暗礁」可以用來形容物質性交流頻繁,但是文化交流卻相對貧乏的 2009 年兩岸關係。我們深信,文化認同工作是兩岸認同的核心,兩岸和平發展不可能只是建立經貿交流上,而應推動全方面的文化、教育交流,透過大學聯盟或共同體,促使兩岸文化認同得以有堅固的基礎。

貨幣統合

　　目前兩岸金融方面的合作,均是以如何節省交易成本,或是方便兩岸金融合作做為思考,而沒有跨越到心理認同的考量。貨幣基本上是一個認同的象徵,從「歐元」的發行來看,歐洲的菁英不僅希望透過歐元可以讓成員節省交易成本、增加競爭力,也可以讓歐元成員歐洲一體化的象徵。

　　歐元經過了一段漫長時間的蘊釀與推動,終獲實踐。為了促進兩岸的認同,兩岸更應該早些規劃「華元」(Chinese Dollar)未來的可行性。在《論兩岸統合的路徑》一文中,筆

者提出了「華元」的概念，以做為兩岸（可包括港澳）現有貨幣外的「第三貨幣」。「華元」可分三個階段推動，第一階段「華元」以「中華貨幣單位」（Chinese Currency Unit, CCU）的身份出現，僅用在企業間報價、結算，貨幣清算，以節省交易成本，第二階段推展消費使用，從「中華貨幣單位」晉升為「華元」，成為第三種貨幣，與兩岸（可包括港澳）現有貨幣共同使用。第三階段則是仿照歐洲使用共同的貨幣，使用單一「華元」。

有不少朋友認為兩岸還沒有到推動「華元」的階段，其實，學術界對於如何建立貨幣統合的路徑亦存在不同看法。第一種是最傳統的看法，認為應採行循漸進的路徑。巴拉薩（Bela Balassa）提出了從自由貿易區、關稅同盟、共同市場、經濟同盟、到第五個完全經濟整合的階段（成員間的經濟、金融、財政等政策完全統合，並成立超國家機構）。這個路徑是歐洲聯盟所採行的路徑。

第二種看法是，只需成立關稅同盟即可建構貨幣聯盟，但需同時進行貨幣整合，可先由建立區域流動基金（Regional Liquidity Fund）與區域貨幣體系而達到貨幣聯盟。

第三種看法認為，基於貨幣聯盟可以對貿易帶來很大的助益，這些助益足可抵消因喪失匯率與貨幣自主所帶來的成本，國家甚至可以基於此一利益即可成立共同通貨。換言之，他們並不贊同孟代爾（Robert A. Mundell）為代表的「最適貨幣區」（Optimal Currency Areas）學派的觀點，即形成最適貨幣區的條件通常是以不需調整匯率或貨幣政策，而以其他方式即可回復經濟均衡與因應衝擊的條件為主的說法，這些學者認

爲，爲了獲取巨大的貿易利益，貨幣聯盟可以不需要經過貿易
整合階段，在爲達促進貿易目的之假設前提下成立。除了促進
貿易之外，其他原因（例如解決通膨問題）也可以成爲直接進
入貨幣聯盟的理由。第三條路也有案例，例如巴拿馬、厄瓜多
爾、薩爾瓦多及一些加勒比海島國，他們均加入「美元區」，
採用美元爲國家貨幣。這些中南美小國不顧喪失匯率與貨幣政
策自主所需付出的成本，跳過貿易整合階段，直接採用美元爲
國家貨幣，主要目的是爲了穩定幣值，降低幾乎無法控制的通
貨膨脹率。

　　以上三種路徑，以第一條路徑所需時間最長，其次爲第
二條，需時最短的爲第三條路徑。然而，以現實面來看，雖然
第一條路已有歐盟此一真實的案例，第三條路同樣也有真實案
例支持。美元區的成立告訴我們，即使如傳統最適貨幣區理論
所言，直接進入貨幣聯盟將會付出相當的代價，但當成立貨幣
聯盟帶來的利益高過此一代價時，國家還是會決定成立或加入
貨幣聯盟。

　　對於兩岸而言，目前對於貨幣統合的立場採第一條傳統
的路線。也就是先透過兩岸經濟整合仍然帶動金融整合。在金
融方面的思維是，在人民幣完全開放自由兌換前，先逐步實現
人民幣、港幣、澳幣和新台幣有條件的自由兌換，便利兩岸四
地的投資貿易。在兩岸共同市場發展成熟後，再逐步實現貨幣
的統合。換言之，金融的統合是放在經濟統合之後。

　　近年來，基於歐元成功的推動，亞洲地區也有「亞元」
的倡議，但是由亞洲國家無論在社會結構、民族特性、經濟發
展、歷史認知等方面仍有很大的距離，因此，總是停留在口頭
表述階段，不要說推動，連討論的空間似乎都沒有。但是，兩

岸四地不同，兩岸四地的同質性較東亞區域爲高，甚而也較之歐洲爲密。除了單一的政治因素以外，幾乎不存在著其它因素。

　　對於兩岸與港澳而言，在思考兩岸貨幣統合時，與其它國家間的貨幣統合必然會有意義上的不同。基於貨幣爲認同的重要象徵，兩岸四地在思考這個問題時，應該從如何透過貨幣統合來強化兩岸與華人社會對於整個中國的認同。從這個政治面與社會認同面的角度來看，兩岸可以綜合以上三條路徑，以三個階段推動「華元」。

經濟統合

　　共同體是廿世紀歐洲人的偉大發明，它是聯邦、邦聯以外另一種政治聯合體的嘗試。從主體上說，成員之間是「互爲主體、共有主體」；從治理上說，它是「互有治理、共有治理」；從認同來說，共同體透過機制與共同政策的運作，讓成員間產生了「互有認同、共有認同」的重疊認同（共同體在強化兩岸重疊認同與推動兩岸共同治理的功能，請分別參考張亞中兩文：〈共同體：兩岸統合與第三憲的樑柱〉，《中國評論》，2009 年 10 月號；〈兩岸和平發展的理論探討〉，《中國評論》，2010 年 4 月號）。爲何需要成立共同體，還有一個理由是大家都忽視的，就是「自我需要」。

　　以歐洲爲例，爲何歐洲國家會選擇統合？毫無疑問，是統合機制可以解決自身需要解決的問題，最初的六國之所以在煤鋼和以後的共同市場領域進行統合，是因爲它符合這些國家

的特定利益需求。例如,比利時的煤碳工業和法國的農業等在統合架構中可以獲益良多,然而由於對本國就業水準的考慮,義大利所希望的勞動力自由流動就不可能納入統合架構中,而只能在傳統的依存架構中進行。

歐洲國家爲甚麼會選擇走向統合,而不只是滿足於相互依存的自由貿易關係?歷史的經驗已經告訴歐洲人答案,經濟與社會上的相互依存並不能阻止兩次世界大戰的爆發。對某些國家和某些政策領域來說,相互依存的框架並不足夠解決問題,它們需要某種新的架構,即統合機制,一種包含超國家主義在內的機制。這種統合機制有不可逆轉的特性(irreversibility),這可以從制度主義的觀點來看,一旦政府間達成了基本的協議就不再可能輕易地被推翻。例如,即使英國對歐洲共同體經常有不同意見,但是它卻不會選擇退出;一些政策一旦做了決定,就會繼續發展下去。

歐洲學者用「自我拯救論」來描繪歐洲國家參與歐洲共同體的「自我需要」。從歐洲統合的進程來看,「自我需要」的確有它道理。西德決定加入,是爲了取得與其它國家平起平坐的機會,經由統合來獲得自己的主權;法國決定主導統合,是希望能經由歐洲共同體讓它再度成爲世界的強權,與在農業政策上得到滿足;英國決定加入是爲了挽救其逐漸落後歐洲大陸的經濟發展;丹麥、愛爾蘭的加入也是不得不爲之;希臘等南歐國家也是經濟的誘因下決定加入。冷戰後中東歐前共黨國家的紛紛加入,也是希望經由歐洲共同體得到安全與經濟發展的保證。另外一群等在外面加入的國家,如烏克蘭等,也是基於同樣的安全與經濟理由,希望參與歐洲聯盟。

兩岸關係自然不是外國關係,兩岸統合是在整個中國的

框架內開始進行,而不像歐洲統合是立基於以每個成員主權獨立為前提。不過,做為一個憲政秩序主體,歐洲統合成員的「自我拯救論」應用在兩岸時,同樣可以得到:推動兩岸共同體、共同市場,其實也是台灣的一項自我拯救、或自我需要工程,台北的主體性並不會因為參與兩岸統合機制而受損,反而是更鞏固與擴大。對於北京來說,共同體機制的統合一旦啟動,兩岸的和與合就是一條不會逆轉的道路,它是和平統一的先前階段。

　　從這些角度來看,兩岸未來要追求的不僅是類似 ECFA 的自由貿易協定,而是具有統合機制的互動。從認同的角度來看,ECFA 無法發揮兩岸共同認同的功能,它與 FTA,WTO 一樣,其目的只是在於貿易的便捷化與關稅的減免化,屬於物質性的經貿交流,不會涉及政治性的認同,相關經濟體之間仍是各自為政,沒有共建、共治的情形,因此不會產生統合的認同現象,這也是我們如果站在兩岸和平發展的高度來看兩岸經貿關係時,經貿共同體或共同市場是遠遠優於自由貿易協定的。

　　我們主張在各個領域,包括食品安全、農業、南海、甚而文化、教育等領域都可以推動共同體與共同政策。透過共同體,兩岸可以強化制度認同,透過共同參與、相互學習、共同治理,以為最終的統一創造條件。

身分認同

　　目前台灣民眾可以免費自由進出日本、英國、愛爾蘭等國家，而不需要任何簽證，但是前往大陸，不僅需要簽注，而且要付一筆費用。這個差異看似不大，但是卻在加速拉開台灣人民與大陸的「異己關係」認同。

　　為了解決這個問題，有人建議北京同意，台灣民眾憑著身分證或台胞證即可免簽注進入大陸。這樣的解決方式仍然是為了便捷性，並沒有處理兩岸的重疊認同問題。不論是用身分證，還是台胞證，認同的還是原有的政府，重疊認同不會發生。

　　在《論兩岸統合的路徑》一文中建議，為了創造兩岸的重疊認同，兩岸人民手上未來可以有兩張卡，一是所屬的身分證（護照、台胞證），另一張是認同兩岸為同屬整個中國或中華民族的「中華卡」（Chinese Identity Card，簡稱「華卡」或「C 卡」）。

　　認同是一個很複雜的概念。與中國人歷史上用文化來界定認同有著差異之處，西方人從 17 世紀起，用民族國家、國際法這些概念來區別國民的不同。在民族國家的國際法原則下，各地的華人雖然都是中華民族的炎黃子孫，但是為了符合目前國際社會的規則，分別拿所屬國家的護照，並接受該國的保護。中華卡的構想，這是為了突破傳統以民族國家認定身分的框架。

　　這張中華卡如何發行？目前在國際間被認可的有兩個中華民族的政府，一個是北京的政府，一個是台北的政府。理論

上，「中華卡」應該由這兩個政府共同同意後核發，可是目前的政治情勢以兩岸在人口、幅員上的差距，台灣方面的憂慮可以理解。台北方面可能並不會願意參與這一個歷史的任務。因此，北京政府可以考慮先行承擔此一工作。在「台胞證」外另發行「中華卡」，或考慮以漸進方式取代「台胞證」。「中華卡」的發放可以推展至港、澳地區，以後甚而可以包括全世界的華人。

我的構想是：先成立「中華卡委員會」來承辦此一工作，由大陸、台灣、香港、澳門共同組成，用以強調「中華卡」之民族特性。「中華卡委員會」決策後委託北京政府相關單位處理行政事務。因此，在法律的意義上，北京政府是受兩岸四地華人委託後才執行。

包括台灣、港澳的人民，都可以向「中華卡委員會」所委託的行政機構提出申請。擁有「中華卡」的人民可以出入中國大陸、港澳而不再需要額外的簽證。

這張「中華卡」的功能取決於我們希望「中華卡」發揮甚麼樣的效果。如果只是給全球中國人一個方便，那麼它就像是一張「通行卡」，擁有它可以節省金錢與時間。

2008 年 9 月間兩岸統合學會一行十餘人特別前往上海，與上海社科院及東亞研究所的先進們就「中華卡」在世博會推出做為試點的可行性探討，可惜終究沒有成功。2010 年 4 月在日本本栖會議時，海協會張銘清副會長表示，或許可以研究將海西經濟區做為中華卡一個試點。我們期望中華卡能夠早日出現。

最近一則新聞，台灣的女網球員曾雅妮，因為表現傑出，

大陸某企業願意提供巨額贊助,惟其條件是改入中華人民共和國國籍。曾雅妮表示很難接受這種政治認同的轉變而婉謝。我們如果可以試想,曾雅妮如果擁有「中華卡」,大陸的企業應該會不吝地贊助這位為中華民族爭光的優秀選手吧。

安全認同與國際參與

2008 年 5 月馬英九上台以後,兩岸關係改善。外交休兵讓兩岸節省了大量的金援經費,台北在 WHA 的參與上也有突破。但是在討論到兩岸軍事互信機制與進一步國際參與時,兩岸政府都顯得猶豫與保守。其關鍵在於彼此之間沒有真正的互信。安全與國際參與都是屬於「高政治」的議題,這些議題是很難從「低政治」擴溢(spill over)解決的。

政治問題還是需要政治處理。在處理分裂國家與對抗集團間的政治關係時,西方的經驗是「先政後經、先難後易」。東西德如果沒有在 1972 簽署《基礎條約》,確定了兩德的政治定位,就不會有後來一百多項經濟、文化、社會交流協定。沒有 1975 年相當於歐洲和平條約的《赫爾辛基最終議定書》,確立了二次大戰後各國的主權與領土,東西歐不會開啓「信心建立措施」(CBMs)的互信機制。

兩岸問題自然不同於東西德與東西歐的問題,但是東西德與東西歐的經驗告訴我們,雙方沒有政治性的共識(即使是對歧見的共識),互信措施是不容易啓動的,即使啓動,壽命也不會很長。因此,我們要討論安全認同與國際參與時,首先要做就是兩岸政治定位的確定。

　　在兩岸確定政治定位後，兩岸自然可以開始建立軍事互信機制。依據「一中三憲」的定位，在台北確定承認不分裂整個中國同時，北京自然可以放棄武力與武力威脅台灣。由於兩岸為平等的憲政秩序主體，台北方面不再以北京為唯一假想敵，因此，整個建軍是以維護近海或整個中華民族海域（例如南海、釣魚台、海運線）的安全為目的。在這樣的政治認知與互信的基礎上，兩岸軍事互信機制推動一點也不困難。反之，沒有這種政治互信，軍事互信機制不會談出結果的。

　　在國際參與方面，由於兩岸的物質權力不對稱，呈現高度不對稱的狀態。截至 2010 年 4 月，與台北有外交關係的國家有 23 個，與大陸方面有外交關係的國家達 171 個；台北參與的政府間國際組織總共有 51 個，遠不及中國大陸參加的數目，在正式參加的 51 個政府間國際組織中，有 30 個擁有正式會員，其它 21 個分別是觀察員（15 個）、仲會員（3 個）、準會員（1 個）、合作非會員（2 個）等地位參與。

　　在參與名稱上，以正式會員參與政府間組織者包括「中華民國」（Republic of China）、「中華民國台灣」（Taiwan, Republic of China）、「台澎金馬個別關稅區」（Separate Customs Territory of Taiwan, Penghu, Kinmen & Matsu）、「臺澎金馬」（Taiwan, Penghu, Kinmen & Matsu）「中華台北」（Chinese Taipei）、「中國（台灣）」（China(Taiwan)）、「台灣」（Taiwan）、「中國台北（Taipei, China），台北未接受、持續抗議中）」、「台灣艾格蒙」（AMLD, Taiwan）、「國際電信發展公司」（International Telecommunication Development Company, ITDC）者。以觀察員（Observer）、

仲會員（Associate Member）、準會員（Corresponding Member）、合作非會員（Cooperating Non-Member）等地位參與之政府間國際組織的名稱包括「中華民國」、「台灣」、「台北中國」（Taipei China）、「中華台北」、「中華台北個別關稅區」（Chinese Taipei Separate Customs Territory）、「台澎金馬」等。

在兩岸和平基礎協定簽署後，可以從兩岸爲「平等不對稱」這個原則來思考協商國際參與問題。例如在兩岸與他國的對外關係方面，北京可以容許台北與它國擁有官方關係，這是兩岸「平等」部分，但是北京享有外交關係，而台北享有總領事關係，這是「不對稱」部分。在國際參與方面，「平等」部分是都可以參與，「不對稱」部分是在北京享有正式會員的組織，台北可以享有觀察員、仲會員等資格。在某些國際組織，兩岸可以「兩岸三席」方式，分別代表北京、台北，與整個中國參與，如此可以「雙贏」，又可以共同維護整個中華民族利益（有關國際參與、「兩岸三席」部分，可參考〈論兩岸統合的路徑〉文）。

結語：千里之行，始於足下

以上七大方向，也是我們的七大夢想。如果兩岸能夠從這七個方向去推動兩岸和平發展進程，自然會有美好的明天。

這七大方向中，有些有優先順序，有的是現在即可以推動，有些是必須由兩岸共同開啓，有的則是北京可以率先實踐。例如，在推動「華元」做爲計價單位方面，北京就可以率

先啟動貨幣統合；在使用「中華卡」做為台灣民眾前往大陸的身份證明或工作許可文件，以強化兩岸身份認同方面，北京也可以開始推展。在文化統合方面，北京可以將學者建議的157個簡體文字先行還原，並推動繁簡並用的政策，以方便兩岸文化認同的接軌，兩岸也可以共同編寫現代史，推動深層的文化與教育交流，進而建構兩岸文化共同體。以上工作都不需要兩岸簽署和平協定即可以開始。

透過和平協定的簽署，讓兩岸的政治定位可以確定，雙方都不必再耗費精力在互相猜忌，可以進入更深層的互信合作，共同推動兩岸在國際間的共同參與，以及彼此在軍事上的互助合作。透過統合體（共同體）的建構以及共同政策的實施，讓兩岸可以進行全方位的共同治理。

「憲法主權宣示的重疊、憲政秩序治權的分立、物質權力的不對稱」，是兩岸關係的現狀寫照，這也是全球獨一無二的情形。和平發展是兩岸人民目前共同的願望，兩岸分治迄今已逾一甲子，我們深信，中華民族有智慧處理這麼一個歷史遺留的課題。

千年暗室、一燈即明，兩岸是否能夠以同一家人的兄弟相待、包容、體諒，取決於一念之間。知識指引方向，智慧決定態度、情懷提供動力。千里之行，始於足下，行動檢驗著我們的知識、智慧與情懷。在邁向兩岸統合的大道上，期望有更多朋友一起參與與努力。

【本文原刊載於《中國評論》月刊 2010 年 6 月號，總第 150 期】

國家圖書館出版品預行編目資料

統合方略 / 張亞中著. -- 初版. -- 臺北縣深坑
 鄉：生智, 2010.06
   面； 公分. --（亞太研究系列）（兩岸和
平發展研究系列）

 ISBN 978-957-818-960-7（平裝）

 1. 兩岸關係 2.統合主義 3.文集

573.09   99009297

統合方略

作　　者／張亞中
出　版　者／台灣大學政治學系兩岸暨區域統合研究中心
　　　　　　兩岸統合學會
合作出版／中國評論學術出版社
出　版　商／生智文化事業有限公司
發　行　人／葉忠賢
地　　址／台北縣深坑鄉北深路三段 258 號 8 樓
電　　話／(02)26647780
傳　　真／(02)26647633
E - mail ／service@ycrc.com.tw
網　　址／www.ycrc.com.tw
印　　刷／科樂印刷事業股份有限公司
ISBN ／978-957-818-960-7
初版一刷／2010 年 6 月
定　　價／新臺幣 280 元

總 經 銷／揚智文化事業股份有限公司
地　　址／台北縣深坑鄉北深路三段 260 號 8 樓
電　　話／(02)86626826
傳　　真／(02)26647633